雄鹰展翅，苍松斜挺，源于一个梦想、一种热爱、一种坚持、一种信念……
企业的大树只有在优秀员工的精心浇灌下才能开出绚烂的花朵，结出丰硕的果实。

感悟 优秀员工的职场

YOUXIUYUANGONG
DEZHICHANGGANWU

冯丽娜◎编著

展示职场风采，分享成功感悟。

优秀员工是音符，为企业奏出美妙的乐章；
优秀员工是彩笔，为企业描绘灿烂的图画；
优秀员工是石料，为企业构造雄伟的丰碑；
优秀员工是砖瓦，为企业建造辉煌的大厦。

中国言实出版社

图书在版编目(CIP)数据

优秀员工的职场感悟/冯丽娜编著.
—北京:中国言实出版社，2012.1
ISBN 978-7-80250-708-1

Ⅰ.①优…
Ⅱ.①冯…
Ⅲ.①成功心理—通俗读物
Ⅳ.①B848.4-49

中国版本图书馆 CIP 数据核字(2011)第 266810 号

出版发行 中国言实出版社
地 址:北京市朝阳区北苑路 180 号加利大厦 5 号楼 105 室
邮 编:100101
电 话:64924716(发行部) 64924735(邮 购)
64924880(总编室) 64914138(四编部)
网 址:www.zgyscbs.cn
E-mail:zgyscbs@263.net

经 销 新华书店
印 刷 北京毅峰迅捷印刷有限公司
版 次 2012 年 2 月第 1 版 2012 年 2 月第 1 次印刷
规 格 710 毫米×1000 毫米 1/16 14.5 印张
字 数 180 千字
定 价 32.00 元 ISBN 978-7-80250-708-1/B·266

PREFACE

前言

从进入职场的第一天起，我们就憧憬着事业有成，希望自己能成为一名企业里不可替代的优秀员工。

梦想是美好的，但现实是残酷的。可能你付出了很多努力却没有得到回报，可能你被职场激烈的竞争压得透不过气来，可能你已经对企业日新月异的需求疲于应付了。低迷、平庸的现状，让你对职场的成功失去信心，甚至开始怀疑，自己到底有没有成为一名优秀员工的潜力？

你累了，是因为在职场上受到了一些挫折、打击，是因为你不知道取得成功的方法，是因你付出了很多却收不到任何成效。这都是因为你没有经验，没有人告诉你该怎么做，通往优秀的道路该怎么走。

每个员工都想知道，怎样才能在职场上取得成功？最有发言权的当然是各个企业里那些已经初尝成功喜悦的优秀员工。自己曾经遇到过的挫折，他们遇到过更多；自己正面临的挑战，在他们的职场生涯里从来不曾间断。但是，他们从来没有放弃过努力，一直在职场的道路上前进、摸索，幸运的是，他们最终获得了宝贵的经验和方法。

在本书创作过程中，作者采访了数百位企业优秀员工，向他们“取经”，获知职场成功的秘诀。这些优秀员工谈起自己的职场经历，都有很深的感悟。

虽然他们从事不同的行业，来自不同的企业，但是从他们的感悟中，我们却发现了很多共同点。

在他们看来，职场形势瞬息万变，但是对人才的需求始终是不变的。企业不会埋没任何一块“金子”，而我们所需要做的仅仅是立足岗位，积极、热情地对待工作，停止无谓的抱怨和牢骚，不断打磨、提升自己的能力，用事实说话，向企业证明我们“金子”的价值。

本书收录大量优秀员工的真实职场案例，从员工自身的角度出发，对工作中遇到的种种问题一一剖析，最后总结出成功的经验和方法。它有别于市面上其他"教条主义"的书，只会搬大道理，理论知识枯燥、晦涩难懂，而是通过生动精彩的职场故事，结合精辟流畅的语言，将理论知识阐述得深入浅出、通俗易懂，让读者非常有亲切感，如身临形形色色的职场当中，在愉快阅读的同时受益匪浅。

在每节内容的末尾，本书为读者特别设置了"职场感悟"一栏，大多由优秀员工本人口述，作者经过整理而成，非常用心。读者可以把它当成职场通关的锦囊妙计，助自己一臂之力；更可以当成一位优秀前辈和过来人的谆谆教诲，牢记于心。

《优秀员工的职场感悟》，是前车之鉴，又是指路明灯。写作这本书的目的，就是为了让那些身处职场或者即将进入职场的员工，让每一个想在职场上有所作为的员工，可以吸取经验、教训，从而少走弯路，早一点实现自己的梦想。

目录

Contents

第三章 快乐工作：用快乐的工作去书写辉煌的职场传奇

快乐地生活是走向幸福的捷径，快乐地工作是通往成功的坦途。当我们在工作中总是能够感受到快乐之时，我们就会更加地热爱工作，做每一件事情都会力争做到最好。同时，快乐的工作态度能够让我们成为职场中的“开心果”，得到同事、上司和客户的喜爱，让自己的激情在工作中最大限度地绽放，从而在职场上书写属于自己的辉煌传奇！

第四章 方圆之道：让我们完美地融入职场，做职场上最闪亮的明星

“没有规矩，不成方圆。”“方”指做人要有原则；“圆”，是指做人做事要因人、因事、因时而变通。方圆乃是为人处世的一门学问。如果我们能够将方圆之道很好地融入自己的职场当中，我们就能够非常融洽地和同事相处，做职场上最闪亮的明星。

第五章 职业素养：良好的职业素养是打开优秀之门的“金钥匙”

一个人想要在职场当中取得成功需要很多因素，其中一条就是需要具备良好的职业素养。拥有了良好的职业素养就相当于在成功的道路中找到了最佳的方法，这是打开优秀之门的一把“金钥匙”，有了这把“金钥匙”我们就

第八章 忠诚敬业:忠诚让你独一无二,敬业让你超越一切

忠诚敬业是每一个人都应具备的职业素养,更是成功的基础。忠诚敬业是员工在职场中的安身立命之本,也是员工打开事业成功大门的一把钥匙,更是员工获得社会认同、取得良好口碑的佐证。忠诚敬业的员工是企业里的珍贵财富,他们在企业里的位置是无可取代的,他们的工作前景是无可限量的。

第九章 赢在服从:用绝对服从去赢得领导的信任

员工在进入职场开展工作时,要做到服从。优秀的员工都是能做到服从的员工,因为服从能够让员工在工作时变得更加积极努力,能让员工的能力得到更大的提高,能让员工为企业创造更多的财富,进而成为企业中不可或缺的优秀员工。所以员工要学会服从,用绝对服从去赢得领导的信任。

第十章 高效执行:做高效执行的“代言人”,日事日清

说到不如做到,要做就做最好。但凡成功的职场中人,都是一个懂得执行的人,他们不仅会有效地管理时间,更会严于律己,将一切梦想变为切实的行动。这也就告诉我们,说到做不到的员工不可能在职场中翻云覆雨,也不可能成为职场中的标杆。我们要想赢得一席之地,要想在职场中创造自己的奇迹,唯有高效执行,用行动来证明一切。

第十一章 飞跃创新：创新就是通往优秀的捷径

创新可以把一个一个的困难变成机会，让一个员工完成从平凡到优秀的转变。在知识经济时代下，企业想要生存下去就只有靠创新，一个员工要想自我价值最大化、要想在职场中获得成功也需要创新。所以，我们说创新是一种意识，更是一种方法，它让我们突破了自我的束缚、突破了习惯性思维的束缚，同时它也是顺利迈向成功的捷径。

第十二章 团队至上：打造完美团队是优秀员工的终极使命

再完美的个人也不可能单独撑起整个企业，完美的团队才能创造企业的辉煌。优秀的员工是那些有强烈团队意识的人，他们会时刻把团队的利益放在心中，努力协调和同事的合作关系，并把打造和谐高效的团队当做自己的光荣使命，在这种使命感的驱使下，发挥自己的最大优势，和整个团队一起稳步成长。

第十三章 情商为重:你的职场情商有多高,你的职业成就就有多大

在职场中,做事靠的是智商,做人靠的是情商。工作情商,指的是员工的情绪控制能力、与人沟通交流的能力以及管理团队的能力。高情商,是帮助员工在职场如鱼得水的“催化剂”,更是一名优秀员工的必备素质。特别是在竞争激烈的现代职场中,“情商有多高,路就能走多远”。

第十四章 职场箴言：聆听内心的声音，在感悟中走向优秀

要想让人生变得多姿多彩,我们就要在不断感悟人生中走向美丽的世界。身在职场,我们要想更加优秀,走向职场的巅峰,同样也需要感悟,时刻聆听内心的声音:认真对待工作不抱怨;工作也要抓住革命的本钱——保持健康的身体;不要自高自大,和同事友好相处。……现在我们就去遨游心海,聆听内心的声音吧。

附录

第一章　我最优秀:做一名金牌员工,让职场之旅开满幸福的花朵

什么样的员工最幸福?答案就是金牌员工。因为专注于工作,所以能够在工作中找到乐趣;因为乐在工作,所以能够出色高效地完成工作;因为工作上有突出的表现,所以能够获得来自领导的赞誉和同事的认可。做一名金牌员工,成为公司中的股肱之才,职场之旅才会开满幸福的花朵。

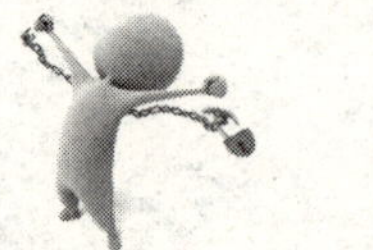

1 做，就必须做金牌员工

拿破仑说过，不想当将军的士兵不是好士兵。而对于一名员工而言，这句话或许就要改成"不想做金牌员工的员工不算是优秀的员工"。

作为一名员工，无论你从事哪一种职业，在公司中的地位是高还是低，都应该有争做金牌员工的精神。树立远大的理想，才能为此付出更多的努力，如果你只是安心于做一名普通的员工，只想着平平安安过完这一辈子，也许连一份稳定的工作都得不到，更别提在工作中取得怎样的成就了。

金牌，意味着顶尖与荣耀，而金牌员工，自然就是一家公司中的中坚力量，是公司赖以生存发展的力量源泉。金牌员工被企业所重视，也会得到企业的器重与重用，无论是物质方面还是精神方面都能得到极大的满足。有这么多的好处，又有什么理由不去努力做个金牌的员工呢？

要做，就要去做金牌员工，因为金牌才能铸就职业辉煌，金牌才是个人价值的最好体现。当你成为一名金牌员工的时候，才能找到在职场中辛苦打拼的动力，才能在自己的职业生涯中不断创造出惊人的业绩。

青岛港金牌员工许振超的事迹曾经传遍神州大地，被各行各业的人士所赞美。许振超出生于1950年5月，1974年7月正式调入青岛港工作，尽管只有初中学历，但他最后却成为一名工程师，并在自己的工作岗位上取得了令人瞩目的业绩。

或许有很多人都想不到，许振超——这位被大家广泛称颂

的时代楷模，其岗位竟然非常普通，不过只是一名吊车司机。他每天的工作异常单调——把货物从码头吊上车、船。然而，就是在这看似普通的岗位和单调的工作中，他却通过不断地学习，不断地修炼，渐渐成为一个专家，一年内两次刷新世界集装箱的装卸纪录。

许振超曾经说过这样一句话："我也许做不了科学家，但还可以练就一身绝活，我也许做不了能工巧匠，但却可以成为一名优秀工人。"正是在这种精神的鼓舞下，他在参加工作 30 多年来，才能够始终如一地保持锐意进取的精神，自学成才，不断攻克工作中出现的技术难关，最终练就了一手绝活，也创造了"振超效率"这一名词。他求真务实，带领自己的团队，创造出了世界一流的集装箱装卸业绩。

许振超是一个典型的优秀员工，他一直追求卓越，在多年的工作中始终把"争创一流、赶超先进"作为自己的宗旨。为了提高装卸效率，他瞄准同行业第一和世界第一，积极开展岗位练兵，对技术操作精益求精。通过不懈的努力，他突破了大量技术"瓶颈"，也成就了自己"金牌员工"的光荣称号。

无数个夜晚中，许振超都在潜心研究操作技术，琢磨提高效率的窍门。经过艰苦的探索和磨炼，桥吊司机的单机时量一月上升一个台阶，从最初的每小时 25 个标准箱提高到 28 个、30 个、33 个，逐渐接近了世界最高水平。

2003 年 4 月 28 日夜，许振超带领工人们在"地中海法米亚"轮上打响了创造新纪录的攻坚战。这场战斗从晚上 8 点钟正式开始，当时工作现场灯火通明、气势磅礴。在 320 多米长的船旁，8 台桥吊一字排开，机器发出隆隆的声响。每名桥吊司机都集中精神，熟练操作，船上有指挥手密切配合，码头上的大型拖车也往来穿梭不停，现场虽然一片繁忙，但却有条不紊。到凌晨 2:40，许振超和工友们完成了该轮 3400 个标准集装箱的装卸，创造出了每小时单机效率 70.3 自然箱和单船效率 339 自然箱的世界纪录。国际权威杂志《港口与港湾》为此刊文盛赞：中国青岛港以一流集装箱码头、一流的桥吊设备和一流的操作技术，创造出一流的世界集装箱装卸效率。

多年的职业生涯中，许振超始终如一地严格要求自己，他不断进取，不断向上，刻苦钻研，力求成为一名金牌员工。正是因为这样长期不懈地努力，他才在工作中取得了长足的进步，由一名普普通通的工人成长为全国劳模，实现了自己的人生价值。

人的职业生涯只有短短几十个春秋，是选择激情高涨地投入到工作之中，还是浑浑噩噩地混完半辈子，这将直接决定你这一生存在的价值。如果你不想到了老年的时候因为一生碌碌无为而感到悔恨，就应该向许振超这样的金牌员工学习，努力将手中的工作做得更好，让自己成为被人敬仰的职业楷模。

做金牌员工，是一种积极的工作态度，也是一种积极的人生态度。一旦有了这样坚定不移的信仰，你就会发现，原来看上去十分枯燥的工作，现在却成为你践行人生价值的最好媒介。

做金牌员工，是一种对于未来美好的憧憬。只有坚定不移地抱着这个信念，才能让自己的工作和生活变得越来越好。如果你对于自己的工作只是抱着一种"混"的态度，你就会突然发现，也许你的一生就在平平庸庸之中度过了。你的满腹才华，你的远大理想，都在无形中成为泡影。

所以，既然身在职场之中，从事着一份工作，就要用心把这份工作做好，成为公司中的金牌员工。

【职场感悟】

"我最优秀，我要做企业的金牌员工！"这是一句响亮的口号，同时也是激励着每一名员工去打拼、去奋斗的精神力量。树立了这样的目标，拥有了这样的精神力量，才能够帮助你成就一个光辉美好的职业生涯。

2 优秀员工将工作视作"天职"

在一个人的职业生涯中，将工作视作"天职"是最基本的要求。很多时候，我们都能听到周围的同事或者朋友说出这样的话——"这不归我管"、"我尽力而为吧"、"我很忙，真的没时间想那么多"、"经理，我们已经试过了，没办法"。其实很多时候的很多事，并不是我们不会做、做不好，而只是没有把这件事放在心上，真正地负起责任来。

日常生活中我们可以看到这样一种现象：两个人同时来到一家公司工作，有着同样的起点，同样的工作环境，但是几年后再回过头来看，发现两个人的境遇产生了很大的不同。一个成为公司中的核心员工，受到老板的重视；另一个则一直在原地踏步，比起刚来的时候没有任何的进步，渐渐成为被人忽视和遗忘的角色。

每个人所拥有的能力和天赋都是差不多的，那么，是什么原因造成了两个人如此之大的差距？简而言之，是对待工作的一种态度。一个人以何种态度去对待自己的工作，将直接决定着未来会在工作中取得怎样的成绩。

无论你从事什么工作，都要对这份工作有强烈的责任心，把工作看做是自己的天职，这是获得成功所必备的条件。在工作中，责任要求我们对所从事的事业充满崇敬和热爱，以高度的热忱和干劲投入本职工作，实现自我的超越。责任是员工在公司中的立业之本，是优秀员工最需要的一种精神品质。

日本有一项国家级的奖项叫做"终生成就奖"，很多社会精英辛辛苦苦工作一辈子，到头来都没能获得这一奖项。然而，有一年的"终生成就奖"，在日本人的万众瞩目之下，却被颁发给了一个不起眼的小人物——清水龟之助。

清水龟之助本来在一家橡胶厂工作，后来转行成了一名邮差。邮差每天的工作就是跑来跑去，将各式各样的信件分送到每一个家庭中，这样的工作看上去平淡无奇，比起很多对人类生活有着重要影响的工作来说都微不足道。

然而，尽管从事着这样一个微不足道的工作，清水龟之助却并没有因此而产生一丝一毫的懈怠。在从事邮差的整整25年时间里，他的工作态度始终都如第一天上班时那样认真，从来没有过请假、迟到和早退的缺勤状况。无论是刮风还是下雨，无论是酷暑还是严寒，都无法阻止清水龟之助去工作，就连在数次的日本大地震中，他都能将信件及时准确地交到收件人手中。

是怎样的一种力量，让清水龟之助得以不屈不挠，长期坚持从事着这样一件极为平凡的工作，或许从清水龟之助的获奖感言中，我们可以窥见一斑。

清水龟之助拙于言辞，他的获奖感言，只有短短几句陈述："我很平凡，我从事的工作也很简单，但这份简单的工作却是我的天职。我的使命就是把这份工作做好，将快乐传递给每一个人。"

将工作视为自己的天职，正是这样一种朴素而平凡的精神，让清水龟之助在平凡的岗位上做出了不平凡的成绩，也终于打动了那些一向挑剔的评委，让他成为"终生成就奖"当仁不让的人选。是的，他完全配得上这份荣耀，这是对他那种伟大精神的最好褒奖。

清水龟之助的事迹，给了我们一份感动，也给我们带来了巨大的启发。从事怎样一种工作并不重要，个人的能力大小也不重要，只要能够把工作视为自己的天职，日复一日、年复一年地为了自己的工作而付出努力，就将在工作上获得不俗的成绩。

带着责任心去工作，和不带责任心去工作，其结果有着天壤之别。对工作缺乏责任感，只会让你体验到工作的索然无味，渐渐失去工作的热情，把本职工作做得一塌糊涂。优秀的员工之所以优秀，正是因为他们总是将工作视作自己的天职，而这也会为他们带来无穷无尽的工作动力，帮助他们在职业生涯中收获巨大的成功。

成为一名优秀的员工，其实并没有什么所谓的捷径和秘诀，只有对工

作抱有更多的责任感,对公司抱有更多的使命感,在工作中投入更多的热情,才有可能将工作做好,成为老板所喜爱的优秀员工。

【职场感悟】

把工作视为自己的天职,这意味着要把工作做得更好,不断地追求卓越。如果你迟迟在工作中没有进步,一直裹足不前,那么不妨去审视一下自己对待工作的态度。当你选择全心全意、认真负责地去对待自己的工作时,你就将成为一名金牌员工。

3 优秀就是把工作做得更好

怎样才能成为一名优秀员工,优秀员工的价值又体现在哪里?有人说,优秀员工要对企业忠诚,把企业的事情当成自己的事情;也有人说,优秀员工要有创新的精神,要能帮助公司创造利润。其实,何为优秀员工,只需要一句话来概括——比起普通员工,优秀员工就是那些能够把工作做得更好的员工。

有些员工总是在抱怨,为什么自己朝九晚五地上班下班,把生活中的大部分时间都耗费在了工作之上,但工作却一直都不温不火,晋身之路也是杳无希望。而那些优秀员工,明明每天同样工作那么多时间,但是却得到老板的厚爱,不仅工作在重要的岗位之上,还拿着丰厚的薪水。

其中的原因很简单,前者虽然付出了时间,但却没有利用这些时间把工作做得更好,他们只是拖着一种敷衍应付工作的态度;而后者看上去工作时间一样,却能够充分地利用这些时间,对工作更加关注、更加上心,由此也就能把工作做得更加出色。

把工作做得更好,是优秀员工与普通员工之间最大的差别,也是优秀员工获得更好待遇、得到更多认可的主要原因。如果你不想总是叫苦连天，眼睁睁地看着别人做着更重要的工作，就该及早地醒悟，意识到把工作做得优秀才是一个员工最重要的使命。只要工作做好了，才能在职业生涯中有更好的发展。

王海萍是一个普普通通的女孩，她没有什么远大的志向，也没有什么不切实际的幻想。大学毕业后，她就在家乡的一家小公司找了一份办公室文员的工作。

文员的工作大家都清楚，工作清闲，但也没有多少发展前途，干文员的很少有机会去提升自己在公司中的地位。正因如此，和王海萍一同工作的几个女孩，都对这份工作没有太多的热情，每天一上班就喊着无聊无聊，有的人百无聊赖之中还经常上网聊天。

和其他的女孩不一样，王海萍并没有轻视这份工作，也没觉得文员的工作不重要。她工作中总是认真负责，一点都不掉以轻心，经她整理的材料清楚明了，让人一看就懂，而且很少出现错误。在办公室里，她是出了名的“工作狂”，与其他懒散的文员形成了鲜明的对比。

渐渐地，这位工作认真负责，把每一项工作都做得十分出色的女孩引起了总经理的注意。当时总经理正好缺少一位得力的秘书，几次高薪招聘都不尽如人意，那些秘书虽然学历高，能力强，但对工作却不是十分上心，所以没有一个人能入他的法眼。

无意之中，总经理知道了王海萍的事。经过长期的观察，他发现这个女孩虽然工作经验很少，学历也不是特别高，但是对待工作却有一种较真劲，不把工作做好决不罢休。于是，抱着试试看的想法，总经理把王海萍调任为办公室的高级秘书，帮助他打理一些日常的事务。

事实证明，总经理果然是没有看错人。王海萍来到这个岗位上，同样也把她敬业负责的态度带到了这份工作之中。为了能够成为总经理最得力的助手，她总是小心翼翼地做着每一件事，不允许自己出现一点错误。总经理每天的日程，被她安排得井井有条，什么时间该见什么人，都有详细的规划。除此之外，

在总经理遇到麻烦的时候,她还主动为总经理出谋划策,有些事总经理没有在意,她却总能想在前面。有了这样一个好助手,总经理感到自己身上的担子轻了很多。

因为工作上的出色表现,王海萍最终赢得了总经理的信任,她也成为这份工作当仁不让的人选。一个平凡的女孩,通过自己不懈努力工作,实现了职业生涯上的重要飞越,成为一名被公司所重视的优秀员工。

做一名优秀的员工,事实上并不像有些人想的那样艰难。在工作中多投入一点时间、多花上一些心思、多一些责任心,也许就能把工作做得更好。很多人之所以没有成为优秀员工,就是因为对工作不上心,总想着随便做做应付交差,不具备一种精益求精,将工作做到完美、做到极致的工作态度。

每一个人都需要工作,只有工作才能养家糊口、安身立命。而要想让生活过得更好一点,让人生更有意义一点,就要试着去把自己的工作做得更好,不要轻易地就觉得满足。只有不断提升自己的工作能力,让自己的工作做得越来越出色,你才能真正体现出自己存在的价值,成为一名对公司,对社会有益的人。

工作不仅是员工安身立命之本,同时也是一项重要的责任。公司为你付出了工作的报酬,为你提供了优越的工作环境,所以你也理所应当去用积极的工作回报自己的公司。而当你在工作中表现出色的时候,公司也不会忘记你的贡献,身为优秀员工的你,也会拥有更美好的发展前途。

【职场感悟】

努力工作,将工作做到最好,每一名员工都应该时刻这样提醒着自己。如果你想在自己的职业生涯中取得成功,就应该自始至终地牢记一句话:优秀员工是靠踏实苦干做出来的,而不是动动嘴皮子就能说出来的。

4

最幸福的员工都是优秀的员工

身在职场之中，有人感到生活充实，精神愉悦，每一天都过得有滋有味，有人则对工作心生厌倦，意志消沉，丝毫找不到幸福的感觉。为什么同样在工作之中，幸福感却有如此之大的差别？

究其原因，是因为优秀的员工才能从工作中获得乐趣，得到物质和精神上的丰厚收获，而那些平庸的员工，只会把工作看成是一项痛苦的差事，他们所看到的是一片灰色，所听到的是无尽的叹息，工作带给他们的除了烦恼再无其他。

为什么说优秀的员工会比平庸的员工更具幸福感呢？

首先，优秀的员工会比普通员工获得更丰厚的薪资待遇，虽说生活幸福与否和金钱多少并无多大联系，但是高质量的生活也需要一定的物质基础。如果每个月连吃饭的钱都没有，日子过得紧巴巴的，怎么都不可能幸福起来。

其次，除了在物质财富上更加宽裕外，优秀员工精神上也能够得到更多的满足。因为在工作中表现出色，所以优秀员工会被人所尊重、信任，心理上会得到极大的满足，觉得自己实现了个人的人生价值。而平庸的员工，不能用自己的工作成绩来获得大家的认可，总是觉得自己的存在无关紧要，被人忽视和遗忘，长期生活在这样的环境中，又怎能体验到幸福的感觉？

姜浩然是一家IT公司的网络管理员，主要负责公司网络的维护工作。这份工作薪水并不高，发展前景也有限，所以很长一段时间以来他工作起来都没有动力。因为缺少努力工作的劲头，姜浩然在工作中的表现也非常差，经常受到领导的批评，动不动还被扣工资。工作上的不如意，让姜浩然在生活中也感受不到多少幸福的感觉，他一天到晚唉声叹气。

和姜浩然同在一家公司的戈枫，虽然和他一样干着网管的

工作,但是他的干劲却特别高,对待工作也是一丝不苟。公司的电脑或者网络出了问题,戈枫总是会第一时间赶到现场,及时地为大家排解难题。正是这种积极工作的态度,为他赢得了老板和同事的信任,薪资待遇也比姜浩然要好上很多。

做着同样的工作,幸福感却有着很大的不同。作为公司中的“问题员工”,姜浩然心情抑郁,终日牢骚满腹,总是一副苦大仇深的模样。而身为优秀员工的戈枫,微笑着工作,微笑着生活,他的职业前景也是一片光明。

职场是现代人生活的一个重要平台,工作做得怎么样,将直接影响到自己生活的幸福感。所以,做好自己的工作,成为一名优秀的员工,应该是每一名员工去努力的目标。只有在工作上做出一番成绩来,才不会让自己的天空总是遍布阴霾。

在外企工作过的人都知道,日本人对工作一直都保持高涨的热情,在他们身上很少能看到失落沮丧的情绪,取而代之的是一种阳光向上的心态。日本管理学家中谷彰宏对此表示:“工作对很多日本员工来说都是有趣的,就算再枯燥的工作,只要努力去做了,并且把工作做得尽善尽美,都能从中收获到乐趣。如果有人感到不幸福,那不是工作本身的缘故,而是他没有成为一名优秀的员工。”

有些人总是想着要让生活过得幸福,但却又在实际工作中并没有什么行动,他们只会一天到晚地埋怨——为什么我的生活过得这么辛苦,为什么我没有一丝一毫的幸福感。殊不知,让自己的生活干巴巴的没有一丝幸福感,归根结底这都是他们自己的责任。因为不努力,所以工作表现差,进而导致幸福感与自己渐行渐远。

最幸福的员工都是那些表现优秀的员工,当你把本职工作做到十全十美、无可挑剔时,接下来也就将享受到这份工作带给你的幸福。

【职场感悟】

想要让我们的生活每一天都充满阳光,想要心情愉悦地工作与生活,就要试着去做一名优秀的员工。只有把工作做得出彩,赢得了老板和同事的信任,才可能让生活过得更好,才会拥有一个更加美好的未来。当你有了这些的时候,工作又怎么会不具备幸福感呢?

第二章　摆脱平凡：只有出类拔萃的员工，才能成为职场中不可或缺的人

“没有最好，只有更好”，我们要想成为职场中不可或缺的人，就要不断地超越自己。一味地沉浸在之前辉煌中的员工，只会在职场中止步不前，不会登上更大更辉煌的舞台。而那些在职场中出类拔萃的员工，都是懂得超越自己，追求更高目标的人。因为他们知道，唯有超越，才能摆脱平凡，唯有超越，才能不可或缺。

1

把工作做到极致就是一种超越

“在其位谋其职”是每一名优秀员工具备的特质，无论在什么时候，他们只要身在工作岗位上，就会严于律己，认真地对待本职工作，百分之百地投入工作。正是因为这样，他们从一名实习中的员工成为公司的骨干力量，成为领导身边的得力助手，跟随企业发展的脚步不断提升自己的能力。

身在职场，我们要想成为一名优秀的员工，同样也需要“在其位谋其职”，不管肩负什么样的责任，不管从事什么样的职业，我们都要力争将工作做到极致。当我们从潜意识里要求自己，并把工作做到极致的时候，我们的价值就会无形间登上一个更高的台阶——把工作做到极致是对自己的一种无形超越。

有一则寓言故事是这样的。有一天，龙虾正在海中的某一个角落脱落身上的硬壳，这时候，寄居蟹正好从这里路过，看到龙虾痛苦的表情，它紧张地说：“龙虾，你怎么可以把自己的保护壳弄掉呢，你这样会很危险，你很可能被海中的大鱼吃掉，你难道不怕吗？”

听寄居蟹这样关心自己，龙虾并没有放弃“痛苦”，而是坚定地说：“谢谢你，寄居蟹，但是你知道吗，如果我们龙虾不懂得脱落保护壳，我们就不会成长，我之所以现在承受这样的痛苦，是为了以后能更好地发展而做准备。”

寄居蟹此时也恍然大悟：难怪自己不能“出海”，原来它一直限制了自己的发展。

龙虾要想成长，就必须承受一定的痛苦，但在痛苦过后换来的则是身体上和能力上的超越。身为一名职场人，我们要想不断地超越自己，同样也需要承担一定的东西，将工作做到极致。

众所周知，当今社会竞争激烈，到处存在着“大鱼吃小鱼，小鱼吃虾米”的现象，唯有不断地超越自己，我们才能在职场中站稳脚跟，才能摆脱被吃掉的厄运。那么，究竟怎样才能不断地超越自己呢？很多人都有这样的想法，要超越自己就要把工作做好。但是，很多员工却忽视工作中“好”的程度，于是，他们仅仅将工作做好了，最后依然无法超越自己，殊不知，超越自己需要的不仅仅是“好”，还需要“更好”。唯有将工作做到了极致，才能够超越自己。

在群峰贸易公司1号电梯的门口，人们经常可以看到一个年轻的身影不停地忙碌着，他身穿白色的衬衣和黑色的西裤，看上去非常的阳光，但在阳光气质的背后透露出一种真诚的“气息”。他在这里上班已经快2个月了，在其他的同事看来，他或许是一名高中毕业生，或者只是一名初中生，他平凡的甚至没有人知道他的名字。但是，人力资源部的领导却知道，他是工商贸易大学毕业的高材生韩群，在两个月前“捡了”这个没人在乎的工作。

那天，来这家公司应聘的人多如牛毛，韩群就是其中的一名，大家争先恐后地应征着公司的高端职位。在短短三个小时之后，所有的高端职位一抢而空，剩下的只是一些不起眼的工作，比如电梯工和其他保洁人员。很多高材生对这样的工作不屑一顾，再看看一个月1000元的工资，他们纷纷离开了应聘场所。

但是，韩群则走到招聘人员的身边，彬彬有礼地问道：“请问，我可以试试电梯工的工作吗？”招聘人员答应了，并将这个情况告诉了人力资源部的主管。

当人力资源部主管听到这个情况的时候，有点不解：“这个岗位一直都在‘变脸’，谁会长时间做啊？再说那么多高材生都不屑一顾，你感觉这个叫韩群的会来吗？”

令人们意外的是，韩群在第二天如期而至，这一现象吸引了人事部主管的注意。从那以后，他就经常观察这个年轻的高材生。他发现，韩群不仅每天能够保持笑脸为大家熟练地操作电梯，还经常帮助别人搬运货物、为别人指路，甚至为外来人员说明所去楼层的部门。

有一次，人事部主管陪公司老板一起乘坐电梯，由于韩群的工作，他一直没有见过老板，就算见到了自己也不认识。在韩群看来，自己虽然从事的是一个平凡的工作，但是只要自己身在岗位，就一定要将所有精力放在工作上。此时也是这样，他没有为老板身上的"报喜鸟"赶到惊奇，他像往常一样和善地对他说："先生您好，请问您要去几楼？我帮您按下楼层。"老板说："我要去你们老板的办公室，你能告诉我在几楼吗？"韩群笑笑说："老板的办公室在8楼。"说完就按下了"8"。

就在这个时候，从4楼进了一名外国人，韩群就用流利的英语问老外要去的楼层，并问有什么需要帮助的没有。

很快，老板走出了电梯，一出电梯，老板就问人力主管："助理的位置是否有人在做？"人力主管说：本来是有人做的，但是在三天前，那个女孩儿就找借口辞掉了，现在还在招聘中。听罢，老板斩钉截铁地说："那好，我要让刚才那个电梯工来担任这个职位，你去安排一下。"就这样，韩群成为老板的得力助手，时刻为老板分忧解难。

韩群之所以能够在职场中晋升，最主要的原因就是他"不因位低而不为"，在平凡的岗位上依然能够将工作做到极致。这也就告诉我们，无论在什么时候，无论我们从事怎样的工作，我们都要认清自身的位置，努力做到"在其位谋其职"，将工作做到极致。只有这样，我们才可能不断地超越自己，成为职场中不可或缺的人。

如果你现在还在嫌弃自己的工作低微，让自己非常没有面子；如果你现在还在抱怨工资太低，并因此不努力工作；如果你现在还将工作当成挣钱的工具，在工作的时候敷衍了事，那么从此刻起，开始改变吧，我们要相信平凡的工作一样可以成功，只要我们始终将工作做到极致。

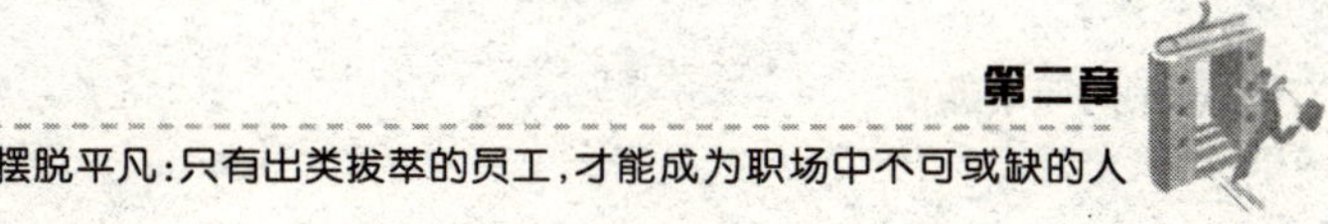

【职场感悟】

将工作做好不是职场中人的最终目的，我们的最终目的是超越自己，走向职场的最高端。但凡优秀的员工，但凡职场中出类拔萃的员工，对这一点都心知肚明，他们严格要求自己，始终将工作做到极致。正是因为这样，他们在职场中奋发有为，打造出自己的一片蓝天。我们要想成为职场中的“牛人”，同样也需要将工作做到极致。

2

出类拔萃的人从来不怀疑自己

你愿意成为职场中出类拔萃的员工吗？你愿意成为领导身边的得力助手吗？你愿意成为职场中的“老大”翻云覆雨吗？你愿意在职场中实现自身的人生价值吗？你愿意在职场中创造属于自己的奇迹吗？相信每个人的答案都是肯定的，并一直在为这样的目标不停地奋斗着，其实，要想实现这一切，需要的最基本的一点就是“自信”。

然而，很多人在工作的时候往往丢掉了自信。当我们刚刚涉入新工作的时候，我们会怀疑自己的能否将工作做好；在我们晋升到更高职位的时候，我们会怀疑自己是否有能力胜任这个职位；当我们必须独自一人去完成一个重大项目的时候，我们会担心没有别人帮助，能否将项目完成……

这些都是怀疑自己的表现。殊不知，任何一个出类拔萃的人都不会怀疑自己，任何一个想成为出类拔萃的人都必须摒弃“怀疑自己”的“恶习”。

我们可以试想一下，当我们在工作的时候，总是怀疑自己的能力，担心自己无法完美地完成工作，那么我们还能全心全意地投入工作吗？如果我们在工作当中有了一个出奇制胜的想法时，总是怀疑自己的“创新”，那么我们可能出类拔萃吗？答案显而易见是否定的。这也就告诉我们，工作中不要怀疑自己，怀疑自己只会分散工作的注意力，只会给工作带来负面的影响。

2008年，我们遭受了汶川大地震。在这次地震中，于飞的父母双双离去，只剩下于飞和刚刚年满13周岁的妹妹。作为哥哥，于飞承担起了抚养妹妹的重担，他放弃了自己的学业，开始了自己的打工生涯。那是在2008年10月的一天，于飞将妹妹托付给身在成都的舅舅，自己则背上行囊，毅然决然地来到了广州。

那时候的于飞只有一个高中毕业证，在找工作的时候重重受阻，但是苍天不负有心人，于飞在奔波了十天之后，终于在一家制药厂找了一份销售的工作。

初涉职场，于飞很多东西都不熟悉，但是抚养妹妹的责任却一遍遍提醒他不能放弃。于是，他继续坚持着这份工作。

在对公司的一些背景和基本技能有了一个大概的了解之后，于飞开始跟着有经验的员工出去推销药品，有时候还需要在办公室通过打电话沟通更多的客户。平日打电话，或者和陌生人说话的时候，于飞从来没有紧张过，但是，职场中的于飞像是换了一个人，他不敢开口和别人说话，打电话的时候，也不敢介绍自己的产品，甚至以“打错了”为由将电话挂了。

带他的销售部产品经理曹军见于飞这样，便劝导说：“于飞，你要相信自己，他们也是人，我们就像平时说话一样就可以了，不用害怕的。”纵然如此，于飞还是有些胆怯，幸而曹军是一个非常有耐心的人，经常帮助于飞。

十天过后，于飞终于鼓足了勇气，打电话的时候再也不胆怯了，在短短两个月的时间，他的业绩就上升到3万。这样的结果让于飞看到了希望，他兴奋地将这个消息告诉了舅舅和妹妹。也正是这样的结果让公司领导作出了一个决定，将于飞提升为区域代理，负责整个区域的药品销售。

其实，这个工作并不难，于飞需要做的只是一个监督作用，但

是于飞却心生胆怯："领导，我能行吗？我刚刚做销售才两个多月，我怕自己做不好啊，您还是再考虑一下吧。"领导知道于飞只是不自信，但是自信就是这样练出来的，于是便说："于飞，你这段时间表现非常优秀，是个可用之才，你一定要抓住这个机会。"见领导这样说，于飞不好推辞，便默默地走出了领导的办公室。

那天晚上，于飞失眠了，他始终在怀疑自己的能力，始终认为自己根本不适合那个职位。更重要的是，于飞认为自己不能胜任那个职位。第二天，于飞不声不响地离开了，他放弃了这个工作。不久后，于飞又找了一个工作，但他依然不相信自己，总是怀疑自己的能力。直到现在，于飞依然是一名普通的员工，没有任何的突破。

身在职场，如果我们老是怀疑自己的能力、没有自信，就像故事中的于飞一样从来不敢突破自己，那么，我们最后的结局也会像于飞一样，忙忙碌碌，却没有任何的收获，依然是职场中的"老菜鸟"。

纵然如此，职场中仍然有很多员工因为不自信而屡遭失败，因为时常怀疑自己，失去了很多机会。殊不知，要想在职场中超越自己，将自己打造成职场上不可或缺的人才，首先就应该拥有自信心。自信心能够给予我们足够的勇气，在职场中披荆斩棘，走向成功彼岸；自信心能够给予我们一颗宁静的心灵，理性面对一切，让工作井然有序地进行。

所以说，当我们心中不自信的时候，我们不要"随波逐流"地否定自身的能力、怀疑自己的实力。相反，我们要学会自我激励，给予自己一定的自信心，勇敢地穿梭在职场中。

总而言之，不管我们从事什么行业，不管我们想走向什么样的一个高度，"怀疑自己"永远是绊脚石。如果不及时搬掉，我们就注定实现不了起初的梦想，走不到职场的最高峰。

【职场感悟】

自信心与怀疑自己是相对立的两种工作态度，选择不同，最后的结果也会截然不同。但凡职场中出类拔萃的员工都会选择前者，因为他们知道，要想在职场中不断地提升自己，将自己打造成一名优秀的员工，自信心必不可少。我们要想尽快从职场"菜鸟"成为职场"牛人"，那么从现在开始，找回自信心吧，相信在自信心的庇护下，成功指日可待。

3 摆脱平凡就要向不平凡的人学习

羊和骆驼是最好的朋友，有一天，它们在一起玩的时候，谈起了高好还是矮好的问题。骆驼个大威猛，便首当其冲："当然是个子高了好，你看，我只要一抬头，就可以吃到院墙里面的树叶。"说着，便得意地抬头吃了一口树叶。这时候，羊不乐意了，便不服气地说："你错了，还是矮了好，你看着。"说着，羊就走到公园的栅栏前，一拱身子便钻进了院墙里面，得意地吃起草来，骆驼则费尽九牛二虎之力，始终没有进去。它们都不服对方，便找来老牛评理，老牛笑了笑："其实，高有高的好处，矮也有矮的好处，我们要学着观察别人的优点，不能始终沉浸在自身的优势中。"

其实，羊和骆驼身上都有自己的优点，只是它们看到的只是自身的优点，沉浸在自身所具备的一些特质上。但是，老牛的一番话意味深长，它告诉我们要学会欣赏别人，发现别人身上的优点并"取其精华"，孤芳自赏最后伤害的是自己。

身为一名职场中人，我们要清楚地认识到，职场犹如大海，我们不过是沧海一粟；职场犹如沙漠，我们不过是大漠一沙。但是，只要我们不断地发现别人身上的优点，并像"吸血鬼"一样吸取别人身上的优点，一样可以从平凡走向不平凡。

然而，在我们的工作中，依然有很多人认识不到这一点，不懂得"尺有所短，寸有所长"的道理。在工作的时候看到的只是别人缺点，始终看不到自身的不足，也看不到别人身上值得学习的优点。正是因为这样，很多员工在职场中始终扮演着"墙角一枝花"的角色，我行我素，独来独往。殊

不知，这样做会让自己故步自封、止步不前，永远不可能跻身于不平凡的员工行列。

我们要想从平凡走向不平凡，首先就要发现别人的不平凡，不断地向那些不平凡的人去学习。那么，究竟什么样的人是不平凡的人呢？其实，每个人都是一座金山，每个人身上都有别人值得学习的地方。

此时的王晶穿着一身笔挺的职业装，容光焕发地站在大大的舞台上，台下有上千名的员工注视着台上的王晶，他们纷纷投去赞美的目光——王晶获得了这次文学大赛的冠军。看着台下和自己朝夕相处的同事，王晶心中洋溢着幸福和感恩，她真诚地说道："其实，这次比赛的冠军是我们大家的，我要感谢你们，如果不是你们的帮助，我不会有今天的成就，谢谢你们！"王晶的这番话将她带回了三年前。

王晶毕业于安徽省一所著名的大学，在毕业的前夕，王晶的班主任告诉全班同学："同学们，从明天起，你们就要走出校门，接触外面丰富多彩的世界了。但是，你们一定要记住老师经常说的那句话'三人行必有我师'，多学习别人身上的优点，不要总去计较别人身上的缺点。"就是这句话与王晶风雨同行，走过了职场中艰辛的三年。

王晶自小就谦虚好学，遇到什么不懂的问题，她总会谦虚地问身边的同学或者是老师。在听了老师的那番话之后，她更加坚持着自身的谦虚心态和学习心态。在参加工作之后，王晶也曾经不止一次地遇到很多困难，但是，她敢于放下自己的面子，经常向身边的同事学习。

有一次，王晶在工作中遇到了一个问题，始终不知道怎样解决，于是，王晶就打电话询问同事小李。因为王晶打电话的时候已经下班了，小李很不耐烦地拒绝了，但王晶并没有放弃，又打电话给领导："张经理您好，我是王晶，您现在忙吗？"在知道张经理不忙之后，王晶便急切地问："我现在工作中遇到了一个问题，我不知道怎样去解决，您帮我看一下吧。"征得了领导的同意，王晶便将问题说给了张经理，张经理很耐心地给她讲解，最后王晶终于豁然开朗，将问题解决了。

就这样，王晶在短短三年的时间内，能力得到了很大的提升，就在这次大赛中，她以自身超人的能力和别出心裁的创新赢得了最后的冠军。

欣赏是一种无形的力量，欣赏别人的优点则是职场员工与时俱进、摆脱平凡的最佳途径。作为职场中人，我们只有学会脚踏实地、虚心向身边的同事和领导学习才可能在职场中打造属于自己的世界，才能成为别人眼中不平凡的佼佼者。就像故事中的王晶一样，她能够获得最后的胜利，最重要的就是她懂得吸取别人身上的知识和优点来弥补自身的不足。正是因为这样，她才能够不断地充实自己，在工作中捷足先登，成为舞台上一颗璀璨的明星。

要知道，对于那些在职场中摸爬滚打数十年，为自己积累了丰富经验的职场“牛人”来讲，初入职场的我们就是职场中的“菜鸟”，有很多东西我们都不明了。然而，就是因为我们不懂，我们往往会小看别人，不愿意走出自己“独立的城堡”，将自己封闭在小小的个人世界之中。在这个个人世界中，我们看不到别人的优点，看不到自己的缺点，我们故步自封，永远没有超越的时候。

人们常说“金无足赤，人无完人”，只有不断地学习别人身上的优点，我们才能在工作中不断超越、不断提升自己。只有在这种相互欣赏的氛围中，让别人的不平凡来弥补我们身上的平凡，最终让我们摆脱平凡，成为一个不平凡的职场中人。

【职场感悟】

一名员工要想从职场“菜鸟”成为职场“牛人”，要想在平凡的岗位做出不平凡的工作，成为一个不平凡的人，就要学会向身边不平凡的人学习，学习他们身上的优点。其实，世界上并不缺少美，缺少的只是发现美的眼睛。只要我们擦亮双眼，发现别人的不平凡，并虚心学习别人的不平凡，相信我们也能成为不平凡的职场“牛人”。

4

没有平庸的员工，只有不努力的人

为什么有的人忙忙碌碌十几年，最后碌碌无为，没有任何成就？为什么有的人在同一个岗位上待了七八年，身边的很多同事都纷纷谋求到了更高的职位，他们却依然坚守在起跑线上？为什么有的人口口声声说着自己的梦想，最后成为饱经风霜的老人时，只能悲叹命运的多舛？为什么有的人在追逐梦想的旅途中左右摇摆，掌握不好前途的方向？……

对于上面那些问题，很多人给出了这样的答案："我们只是一个普通人，是一名平庸的员工，那些职场中的辉煌不属于我们，不属于我们这些平庸者。"难道真的像这些人说的一样，他们是平庸的员工，所以最后无法在职场中出类拔萃吗？

其实答案并非如此，很多职场员工之所以在工作中找不到方向，之所以在工作中忙忙碌碌，最终一无所获，最主要的原因是他们认识不到自身的优缺点，让每天的工作变得机械化，将自己打造成了心中的平庸者。殊不知，在职场中，并没有平庸的员工，有的只是不懂得努力的人。

胡钦林是石油勘探公司的老员工，他在这家公司上班已经五年了，公司领导和员工都很尊敬他。但是，唯一让领导揪心的是，胡钦林自上班以来，表现平平，还经常在员工面前吹嘘自己的梦想，说自己要在三年的时间内，成为公司的骨干力量。但是，现在的胡钦林依然在初入公司时的岗位上忙碌着，没有任何的起色。

纵然领导很想帮助胡钦林提升自己的业内知识，但在工作的时候，还是不放心将一些重大的勘探项目交给胡钦林。对于这一切，胡钦林似乎也习以为常，并不在意领导让自己去做什么，他每天除了完成基本的工作，剩下的就是做自己的"白日梦"。

在很多人看来，领导似乎有点不近人情，对这样一位老员工如此苛刻，不让他在大的项目中发挥自己的能力。其实，并不是领导偏爱其他的员工，主要是因为胡钦林平日的表现实在是让领导无法作出重用胡钦林的决定。

那是在2007年7月的一天，领导让胡钦林去陕西省榆林的一个制定区域进行石油勘探，限时是两天。胡钦林在接到任务的时候，豪气冲天地说："领导，您就放心吧，我一定会在两天之内完成您交代的任务。"说完就出发了。因为这是胡钦林自上班以来第一次进行户外工作，看胡钦林信心满满，领导自然非常高兴。

但是，一向喜欢游山玩水的胡钦林来到陕西之后就被美丽的风景迷住了，在很久以前，他听人们说陕西西安是古城，有很多旅游的地方。这时候，胡钦林的脑子里已经没有了工作，他一心想着怎样饱览西安的名胜古迹，于是便劝服自己："工作不需要两天时间，我可以玩一天，然后再去工作。"就这样，胡钦林在工作的时候四处游玩，把工作抛到了九霄云外。

第二天晚上，他接到了领导的电话，问他勘探的结果如何，他害怕领导知道这件事情之后批评自己，于是他说了谎："哦，工作进行得已经差不多了，从今天的观察来看，在这个地方似乎没有石油的踪影，我打算明天或者后天就回去呢。"听胡钦林这样说，领导就信以为真，还特意说："老胡，你这几天也辛苦了，你后天再回公司吧，明天你可以四处玩玩，陕西是个不错的地方。"胡钦林这下更是来了兴趣。

这件事情很快就过去了，但是，在一个月之后，报纸上登了一则新闻，一名石油勘探者在陕西省榆林发现了石油。该公司领导非常纳闷，便询问胡钦林怎么回事，这时候，胡钦林才一五一十地说出了事实。领导因此狠狠地批评了他，从那以后，领导再也不敢将重大项目交给他。

胡钦林有自己的梦想，但是，工作中的他却不懂得为自己的梦想努力，认识不到工作的重要性，在工作的时候还想着怎样游山玩水。难道真的是因为胡钦林平庸吗？其实，胡钦林并不是一个平庸的员工，他之所以

显得平庸，最主要的原因就是他不懂得努力。

殊不知，在职场中，我们努力不一定获得成功，但如果我们不努力，则注定无法获得成功。努力是实现梦想的“法宝”，努力是超越自己的助推器，唯有不断的努力，我们才能够顺利地行走于职场，才能在职场中获得自己想要的一切，实现自身的人生价值。

身为职场中的一员，如果你现在依然在为工作不停地“盲”碌着，如果你在工作许久依然没有得到晋升的机会，那么请不要抱怨，抱怨只会增加你的苦恼，只会让你在职场中失去积极性。现在的我们需要的是自省，反省自己的行为，因为在职场中，没有平庸的员工，只有不努力的员工。我们的平庸定有很多原因，而最基本的原因就是我们依然不够努力。

【职场感悟】

平庸只是职场人内心世界为自己找的一种无法出头的借口，其实在职场中没有平庸的员工，我们之所以平庸，是因为我们在工作中不够认真、不够努力。要想摆脱平庸的命运，要想成为一名优秀的员工，我们就要不断地努力。唯有努力才能让我们摆脱平庸，才能让我们荣获职场中的桂冠。

5 决心让你成为不平凡的员工

纵然台下的观众为你助威、为你加油，如果你在运动场上始终没有信心踏出第一步，那么最后的冠军依然与你无缘。职场中同样也是这样，我们要想笑着走到终点，要想获得最后的冠军，首先我们就要下定决心一定要成功。只有这样，我们才可能迈出成功的第一步，才可能在职场中不断提升自己的能力、超越自己、摆脱平凡，成为职场中一名优秀的员工，成为职场中一名不平凡的员工。

然而，身在职场，我们依然会看到这样的现象：很多员工唯唯诺诺，总是无法将工作做好。其实，造成这种现象的最主要原因就是这些员工没有下定决心将工作做到完美。当工作无法做到完美的时候，我们的心情也会受到很大的影响，在坏心情下，自然无法将工作做好。就这样，在职场中形成了一种恶性循环，导致很多平凡的员工“诞生”。

由此可见，我们要想在职场中尽情发挥自身的能力，并获得一定的回报，就要认真对待每一份工作，并下定决心将其完成，达到最为完美的程度——只有下定决心，才能够开发潜力，才能够获得更高的成就，成为不平凡的员工。

有一天，小兔子无事可做，伸了伸懒腰便出门去散步了，一路上的鸟语花香让小兔子沉醉了。正当小兔子享受着大自然风光的时候，一只老鹰突然出现在它的头顶。小兔子想到了妈妈说的一句话：“老鹰是咱们的天敌，遇到之后一定要赶紧逃。”于是它撒腿就跑，老鹰就在头顶不停地追着小兔子飞，小兔子气喘吁吁，在半个小时后终于逃离了老鹰的视线，平安地回到了家中。

当兔妈妈看到小兔子惊慌失色，气喘吁吁地回到家，便担心地问：“孩子你怎么这么累啊，做什么去了？”小兔子激动地说：“妈妈，我今天遇到了我们的天敌老鹰，我使劲跑才逃了回来，真是庆幸啊。”兔妈妈一听，小兔子遇到了老鹰，并且还能平安归来很是好奇：“你是怎么逃离的？你怎么可能逃脱呢？”小兔子一边比划，一边激动地说：“我当时什么也没有想，就想着我不能死，我一定要逃离，一定要平安回家，所以最后成功了。”

小兔子之所以能够平安回到家中，逃离天敌的追捕，最主要的原因就是它在面临危机的时候下定决心一定要活下来。这种决心无形间成为一种神奇的力量，鼓动着它，让它成功离开了老鹰的视线。这也就告诉我们“想要”和“一定要”的不同，“想要”所在的层面只是想，在做的时候就可能仅仅付出百分之五十或者更低的努力；但是，“一定要”所指的则是一种坚定不移的工作心态，在工作的时候，我们也“一定要”付出百分百的努力，“一定要”获得最后的成功。由此可见，只有下定决心，才能获得成功。

职场中同样也是这样，我们要想将工作做到极致，要想在职场中开拓自身的蓝天，要想成为职场中不可或缺的人才，要想跻身于优秀员工的行列，要想在平凡的岗位做出不平凡的成绩，我们就要下定决心——唯有下定决心，我们才可能付诸实践，才可能在工作的时候彻底摒弃平庸的不良心态。要知道，“三天打鱼两天晒网”的工作心态永远只会阻碍我们的工作，成为我们工作中的绊脚石。

【职场感悟】

“为什么你还没有成功，因为你还不够努力；为什么你还没有成功，因为你还没有下定决心。”这句话很清楚地向我们展示了一个道理，要想成为一名优秀的员工并不难，只要我们下定决心，并严格要求自己，我们就能从职场“菜鸟”破茧成蝶，成为职场中不平凡的员工。

第三章　快乐工作:用快乐的工作去书写辉煌的职场传奇

快乐地生活是走向幸福的捷径,快乐地工作是通往成功的坦途。当我们在工作中总是能够感受到快乐之时,我们就会更加地热爱工作,做每一件事情都会力争做到最好。同时,快乐的工作态度能够让我们成为职场中的“开心果”,得到同事、上司和客户的喜爱,让自己的激情在工作中最大限度地绽放,从而在职场上书写属于自己的辉煌传奇!

1

优秀员工的选择:只找让自己快乐的工作

作为职场员工,你的工作对你来说意味什么呢?是一份养家糊口的职业?是令你感到厌烦的任务?还是能给你带来快乐,让你能享受其中的乐趣呢?

"石油大王"洛克菲勒从16岁开始创业,历经40年建成了自己的事业王国,这40年的创业为他积累了许多宝贵的经营和管理经验,他曾根据工作态度把员工分为三类:第一类人把工作看成负担,因此经常抱怨、牢骚满腹;第二类人把工作看成是一种养家糊口的方式,虽然很少抱怨,但是只把目标放在完成工作上面;第三类人把劳动成果看成是自己的一件艺术作品,是自己的一种成就,因此用积极的心态去工作,把工作看成是一种快乐。洛克菲勒认为,只有第三类人才能在快乐工作的同时不断挖掘自身的潜力,成就一番非凡的事业。

选择什么样的职业,从事什么工作对每个人都是至关重要的事情,有些人觉得待遇优厚的热门职业就是自己选择的唯一标准,而很少去思考自己是不是真正喜欢这份职业。事实上,这样的人即使如愿寻找到这样的职业,也会在以后的日子里后悔自己的选择,因为高薪虽然能帮助我们提高生活质量,但是却不能带给我们对工作的持久兴趣和动力。

王宇毕业于某重点高校的财会专业,王宇的父母都是某企业里的工程师,他们看到许多企业在残酷的市场竞争中纷纷倒闭。在这些企业中,专业性强的员工很难再找到合适的工作,但是财会人员却不一样,换一个地方照样可以工作。为了让孩子以后的生活道路少些波折,他们决定让王宇报考财会专业。

王宇在大学期间的学业成绩不错，同时，王宇也发现自己身上的一些特点，虽然自己从小性格内向，但是内心却是一个厌倦平凡，渴望冒险的人。这个发现也让他感觉到一丝丝担心，爱冒险、渴望做不平凡事情的自己能够适应单调的会计工作吗？

很快王宇毕业了，他的择业问题也被提到日程上来，面临众多的职业选择，他犹豫了。按照他的条件，他完全可以去效益不错的公司企业当一名会计，而且待遇也不错，这也正是父母的愿望，但是他心里总是隐隐感觉到不甘心。

虽然王宇知道会计的职业并不是自己喜欢的，但是为了不让父母担心，况且自己也还没有找到究竟自己喜欢的职业是什么，他还是应聘进一家大公司，开始了朝九晚五的上班族生活。

如果不是那次大学同学聚会，王宇也许会一辈子从事这份平淡无奇的职业。在大学同学的聚会中，王宇碰到自己大学时候的好友陈辉，陈辉毕业以后去了一家证券公司做了一名证券经纪人，他和王宇说了许多有关工作中的事情，包括自己的工作内容和股市的许多趣闻，王宇一下子就被吸引住了。聚会以后，王宇找来许多与证券交易相关的书籍，并利用自己的业余时间去研究和学习。在这个奇妙的领域里，王宇像一个好奇的孩子，乐而忘返。

两年以后，感觉到自己有一定工作能力的王宇辞去了会计工作，应聘到一家证券公司做了一名证券经纪人。在证券公司看来，这个做事沉稳干练但又具有冒险精神的年轻人很适合做证券经纪的工作，假以时日这个年轻人一定能有所作为。

王宇跳槽的事情引起了不小的家庭风波，父母觉得从事证券经纪的工作风险太大，但是看到王宇固执的态度和对工作的热情，渐渐地也不再干涉他。王宇来到证券公司上班之后就像变了一个人，能够从事一份自己喜欢的工作也让他整个人都精神多了，电脑屏幕上不停跳动的价格数字和K线图在他眼里都像是律动的音符，他从来没有体会到自己熟悉的数字和图表有如此迷人的魅力。

就像证券公司当初录用王宇时对他的评价一样,他适合这份工作,更难得的是他也喜欢这份工作,他与这份职业形成了最好的组合。他在工作中找到自己的乐趣,也享受到工作给他的回报,从事这份职业三年之后,王宇已经成为年薪50万元,在业内颇有知名度的证券经纪人了。

收入并不是王宇关心的重点问题,他说:"找到一份能够令人快乐的职业是生活给我最好的酬劳,而年薪只是一份附送的赠品。"

王宇通过工作找到自己的快乐,同时也实现了他的人生价值。工作对每个人的含义不尽相同,但是,能够选择令自己快乐的工作作为终身职业,那无疑是为自己上了一份终身受益的"快乐保险"。我们在做每一件事情的时候,做事的心态往往能够决定事情的成败结果,保持快乐积极的心态往往是我们出色完成任务的基础条件。员工在工作中保持快乐的情绪和积极的态度,那么他的工作效率也一定会不断提升,优秀的员工通常也是能够快乐工作的员工。

刚踏入职场的人们会面临许多的工作选择,通常情况下我们会过于关注工作的环境和酬劳,忽略我们是否真正喜欢这份工作。一名优秀的员工首先是能够高效工作的员工,对工作的热情和兴趣是推动我们高效工作的原动力,所以我们在选择工作的时候应该着眼于哪份工作能给我们更多的快乐,而并非是哪份工作能给我们更高的酬劳。因此,择业需慎重,能令自己快乐的工作才是优秀员工正确的选择。

【职场感悟】

选择职业的依据是什么?是薪水高,还是待遇优厚?事实上我们应该选择能让自己感觉快乐的工作。工作是人生的重要经历,因此在择业问题上要谨慎,要有规划和深入的思考。待遇优厚的工作无疑会给我们带来经济利益,但是却未必能给我们带来工作的动力和热情,一个充满活力和热情的员工才会创造出优秀的工作成绩。

2

发挥自己的优势才能快乐工作

世界上没有完全相同的两片树叶。同样,生活中的人们也各不相同,每个人都有不一样的长相、性格、气质和能力,每个人也都有自己的优点和缺点。生活中有些人因为工作进展不顺利就变得很气馁,认为自己一无是处。事实上,工作能力低是可以通过学习和锻炼的方式加以提升的,但是比工作能力更重要的是,我们应该找到自己的优势,并把优势发挥于工作中,甚至可以找到自己的劣势加以纠正,变劣为优。把优势发挥于工作,往往可以收到事半功倍的效果。

我们都玩过扑克游戏,每种规则的扑克游戏都有不同的规则,据说能将扑克游戏玩好的人有这么几种优点:记忆力好、观察力强、熟悉出牌规则、协作能力强,等等。记忆力好的人能记住别人出过的牌,并根据自己手里的牌,判定对方的实力。观察力强的人能通过对手的表情和细节判断局势。熟悉出牌规则的人掌握了一定的规律性,这也能帮助他尽快取得胜利。协作能力好的人在关键的时候能和自己的同伴发挥战术配合优势,一招制胜。在扑克游戏中,每个人根据自己的优势,善加利用就能取得游戏的胜利。

游戏的胜利和事业的成功一样都能带给人喜悦和快乐的感觉。对于在职的员工来讲,看到自己的工作取得好成绩是最让自己开心的事情,领导的表扬、同事的称赞都是对自己努力工作的肯定和认同,也是让自己能够持续快乐工作的原动力。

小敏中学毕业以后没有考上大学,她的家境也不太好,没有能力让她再复习进行下一次高考。失落的小敏在很长时间里都觉得自己笨笨的,没有机会上大学,她想自己以后都不会有什么出息了。

通过亲戚的介绍,小敏进入一家大型商场当了一名导购员。

小敏负责的导购商品是家用小电器，在这个商场中家用小电器是销售成绩最差的商品，因为商场的隔壁就是家电专卖店，所以商场里的家用小电器经常无人问津，小敏的前任导购就是因为这个原因才离职的。

初入职的小敏也碰到了同样的问题，看着堆积如山的商品无人问津，虽然小敏也知道商品销不出去最大的原因是隔壁有家专卖店，她也利用休息的时间去隔壁店了解过，同种商品的价格也不比商场里便宜，但是人家占了专卖理念的优势。

小敏明白想要改变这种状况不是容易的事情，但是她没有放弃。这份职业是自己人生中的第一份职业，她不想因为用一次失败的就业经历作为自己职业生涯的开端。怎么办呢？既然自己的商品没有竞争优势，那有没有其他的办法解决这个问题呢？

一次小敏在理货的时候听到一对夫妇的对话，丈夫对妻子说："你真固执，电水壶、电磁炉、电饭锅干吗非买一个牌子的呢？隔壁店只不过少了一个电饼铛你就把我拉出来再转商场。"妻子委屈地说："人家用习惯了这个牌子，换个牌子操作方法不一样，用起来很麻烦。"小敏听到他们的对话，心里有了主意，她知道许多主妇习惯选用自己熟悉的品牌商品，一旦认可了这个品牌，就很难再改变。于是她再理货的时候，特意把同一品牌的几种商品都放在一起，省去顾客寻找商品的麻烦。

小敏还发现来她这里的顾客多数是主妇，有时候还会带着小孩子，有时候小孩子跑来跑去的，让妈妈们没办法安心看商品。小敏虽然有时候能帮顾客照管下小孩子，但是忙起来的时候也会顾及不到。小敏自己买了几个小巧可爱的卡通小板凳，还购买了一些卡通玩具，这下再有顾客带着孩子来的时候，小孩子就可以自己坐在一边玩了，有时候小孩子要留下玩玩具还不愿意走，于是顾客也会留下来再看看是不是还有需要购买的商品。

小敏做的这些事情看起来很小，但是却带来让人意外的效果，她的商品的销售量慢慢增加了。领导看到长久以来没有起

色的销售业绩竟然被她的几个小招数提升了起来,于是表扬她的工作做得出色,对她也格外留意。小敏看到自己的工作得到领导的认可也越来越自信,她开心地做着自己的工作。

一年以后,小敏升任电器销售部的主管。小敏的工作成绩令家人感觉到意外,就连她自己也没想到。小敏一直觉得自己笨笨的,连大学都没有考上,但是小敏细心、善于思考的优势却让她在工作中收获到这么多快乐。

"笨笨"的小敏在工作过程中不经意发挥出自己的优势帮助她获得工作上的好成绩,工作上的成绩也令自卑的小敏乐观起来。事实上小敏的例子并不是少数,小敏是在工作中慢慢挖掘出了自己的优势,试想如果小敏提前发现了自己的优势,也许就不会有一段失落消沉的日子了。同时,小敏也是幸运的,她最终在自己的工作中发挥出了自己优势,也正是这种优势为她带来良好的工作成绩,工作上的成绩不仅为小敏以后的事业奠定了坚实的基础,而且还为小敏带来了自信和快乐。所以这世界上没有什么人是"笨笨"的,只要肯仔细找到自己身上的优势和特长,每个人都可以在自己的职业生涯上增添一个"优秀"的注脚。

寻找到自己的优势,将自己的工作建立在优势基础上会收到更好的效益。每个人身上的优点都是一份无形资产,这份无形资产是需要我们仔细从自己身上寻找出来的。一味否定自己的人很难看到自己的优势在哪里,这就如同守着一堆宝藏却视而不见宁愿过着行乞的生活。虽然我们每个人身上都有缺点和不足,但是我们更应该提醒自己找找自己的优点,把我们的优点用于我们的工作和生活,这不仅有助于我们取得很好的工作成绩,也是我们乐观、积极地进行工作的动力。想要快乐地工作并不难,集中我们身上所有的优势去工作就能享受到工作的快乐和成功。

【职场感悟】

将事业建立在自己的优势基础上,是通往事业成功的一条捷径。能在工作中发挥自己的优势特长的员工往往是优秀员工的特点。做事情要扬工避短是常识,这个常识在职场中也一样适用。因此,仔细发现自身优势,并在工作中将优势发挥得淋漓尽致,是高效而快乐工作的技巧。

3

乐观的态度成就优秀的员工

随着经济的迅速发展，人们承受的压力也越来越大，生活压力、工作压力、学业压力、就业压力等等一时间从四面八方涌来冲击着人们的心理防线。人们的生活水平提高了，但同时也需要承受着各种压力。

对于身在职场的员工们来说，乐观积极的态度不仅是我们开心生活的支柱，也是我们快乐工作的动力。乐观的态度是人们良好心理素质的体现，它帮助我们创造美好的生活、开拓成功的事业，也帮助我们从容应对生活和工作中的挫折和困难。有许多才华出众、能力超群的人们就是因为不能乐观地生活和工作，在生活和工作面临困境的时候消沉失落、一蹶不振，埋没了自己的才华和能力，变成碌碌无为的庸人。

乐观的态度引导我们生活和工作的正确方向，乐观的态度帮我们在面临困难和挫折时树立正确态度，乐观是我们行进在通往优秀和卓越路上的指南针，对于身在职场的员工来说，乐观的态度能帮助我们成为优秀而卓越的员工。

MC公司是拥有近千名员工的国内知名的4A广告公司。MC公司在短短的7年时间内从只有几个人的创作室发展成现在的大规模国内广告公司，除了公司有效的经营方式之外，MC注重人才培养和不拘泥于陈旧的用人观念也是它成功的一个理由。

早上十点钟，在MC的会议室里正在进行与重要客户的洽商会议，MC的董事长满意地看着正在对客户进行创意方案介绍的客户经理赵洋，看着这个年龄不大，但是工作业绩突出的年轻人，董事长不禁想起5年前赵洋来公司应聘时的情景。

5年前的MC公司还没有现在的经营规模，公司需要快速

的发展也需要引进更多的人才，所以董事长会经常亲自参加新员工的招聘工作。那一天，董事长参加了包括赵洋在内的20多个人的招聘。笔试是招聘的第一项内容，公司根据每个人应聘的职位，为应聘人员分发了考卷。考卷收上来以后，其中一份考卷引起了董事长的注意，答卷人正是赵洋，他大学学的平面广告设计，但是应聘的职位却是客服部。赵洋的分数并不高，但是答题字迹清晰、隽永有力，能看得出答题人有很好的心理素质和教育背景。

按规定，公司会在笔试后确定淘汰名单并通知被淘汰的应聘者另谋高就，同时，也会通知通过笔试的人参加面试的时间。赵洋的笔试成绩不高，按道理应该在被淘汰的名单中。招聘人员走到赵洋面前，告诉他不用再进行公司的面试，令人意外的是赵洋没有像其他被淘汰的人一样垂头丧气地离开，而是面带微笑地向公司人员致谢。这一幕被董事长收进眼底，他一直关注着这个字迹漂亮的年轻人。就在赵洋转身离开的时候，董事长叫住了他，问他："你被淘汰了，但是你的表情却像顺利通过一样，能告诉我为什么吗？"赵洋笑了笑答道："谁说被淘汰就一定是坏事呢？你们的考卷告诉我离这个职位的差距，回去以后努力缩短这个差距就好了，这样我再次来应聘或者应聘其他公司不就是很容易的事情了吗？"

经过这次交谈，这个乐观开朗的年轻人给董事长留下了极深的印象。临别时，他留下赵洋的联系方式。后来经过公司研究决定破格录用赵洋为公司客户部的工作人员。

赵洋在客户部的试用期是三个月，赵洋由于是公司新进人员，平时总免不了为老同事们做些复印或收集资料的杂事，甚至有些偷懒的同事还把自己手头的工作分一部分给赵洋做。在客户部里赵洋的工资是最低的，但是工作却是最多的，但是赵洋却从来没有表现出失落和抱怨的情绪，一些喜欢赵洋的同事为他打抱不平，劝赵洋不要去做自己额外的工作，赵洋对同事说："没关系的，有事情做不是坏事，做得多，学得也多。"

董事长也没有停止关注这个还在试用期的员工，所以赵洋的情况他很了解，他非但没有阻止那些偷懒的员工，相反他还在赵洋三个月试用期满后决定调赵洋去创意部再试用一个月。赵洋听到公司的决定没有犹豫，很痛快就答应了。创意部的工作和赵洋所学的专业有些关系，所以赵洋一进创意部马上就投入了紧张的工作中，在这里没人当他是新来的员工，同事们将有些难度的工作也交给他做。这种强度极大的工作训练让赵洋进步很快，别人需要三个月才能熟悉的工作，他只需要一个月就可以完成得很出色。

一个月的延长试用期很快也结束了，董事长宣布赵洋试用合格，同时任命他为客户部的副经理。事实上，赵洋的试用期一个月前就结束了，最后这一个月是他作为客户部经理熟悉创意部门的相关工作。但是为了考验这个年轻人是否真有能力胜任经理的工作，董事长指示不要告诉赵洋真相。结果证明这个乐观积极的年轻人果然不负重望，非但没有感觉到委屈，而且还把延长试用期当做自己学习和提高的好机会。赵洋这种乐观向上的工作态度正是客户部经理需要具备的职业态度。

为了帮助赵洋顺利地开展工作，董事长还向员工们解释了破格提升赵洋的原因：他有胜任这个职位的能力，在三个月的试用期里，有些员工把自己分内的工作交给他做，事实上他早就在做一名正式员工的工作了。公司更看重赵洋积极乐观的态度，这也正是公司所需要的，公司要在日益残酷的行业竞争里争得一席之地，乐观和积极进取的精神是必备的条件，这比高超的工作能力更重要。

赵洋无疑是合格的员工，他在试用期里能顺利完成公司的工作。能不能胜任工作是衡量员工是否合格的标准，同时，赵洋更是一名优秀的员工，他乐观积极的工作态度让他与公司里平凡的员工拉开了距离，也让他在众多的同事中脱颖而出。

【职场感悟】

乐观是人创造美好生活的动力，它能为处于工作困境中的员工打开一道希望之门。乐观的员工是积极进取的员工，乐观的员工是不畏困难

的员工,乐观的员工更是能与企业同甘共苦的员工。一名优秀的员工除了工作能力和职业精神优于别人之外,还应该具有乐观积极的珍贵品质。

4

好的工作环境让我们的工作更快乐

工作环境是一个含义广泛的词语,许多人认为工作环境就是我们工作场所的物质条件,比如说我们办公场所的卫生情况、设备设施情况等等,其实以上这些是工作环境的外部条件,也就是我们常说的物理环境,也叫硬环境。除去硬环境之外,我们的工作环境还包括:工作中的人际关系、工作气氛、工作模式,等等。每一个人都希望自己有一个优越的工作环境,希望有整洁明亮的办公场所,有先进齐备的工作设施,有和气开明的领导,有和睦相处的同事……能在这样的环境里工作的员工都应该是快乐的员工。

现实中工作的外部条件是不由我们选择的,比如办公场所和设备设施的情况是我们进入工作岗位以前就已经存在的,对于员工来讲,如何尽力改善和保持办公场所的环境,营造健康的工作气氛和建立良好的工作关系就是我们应该为自己创造良好工作环境的必要工作了。让办公环境干净整洁,对上司尊敬服从,对同事和气有礼这些看起来微不足道的小事,其实是能为我们快乐的工作创造的环境基础。

单位的老李退休了,与老李一起工作过的同事和领导都感觉到特别舍不得。老李是公司里的老员工,他从公司的普通员工,一直到业务部门的副主管,为公司的发展作出了不少贡献。他在同事中很有威信,他带领业务员为公司创造的良好业绩在公司里一直无人能及,于是公司的领导和员工都非常欣赏和佩服老李。用公司领导的话说:按老李对公司的贡献,升他做公司的总经理都不过分，但是公司的业务部实在离不开这个人呀。

走进老李的办公室，人们顿时感觉到神清气爽，整齐的办公桌上分开摆放着办公文件和资料，办公用品排列有序。办公室并不大，但是在这狭小的空间里还养了几盆小巧可爱的盆栽花，看得出来老李是一个工作严谨但也不缺乏生活情趣的乐天派。不仅老李的办公室很干净整齐，就连他负责管理的业务部办公室也是这样，员工们的办公桌都很整洁，业务部里也养着几盆外形较大的盆栽，看起来老李和部下的办公室同出一辙。

老李虽然离开了，但是业务部的工作照常进行，有条不紊，看得出这是一支训练有素的团队。业务部门的工作不同于其他部门，自由度相对要大一点，案头工作较少，所以上班时间大家是允许自由交流的，但是此时办公室里静悄悄的，大家都低着头默不作声。显然老李的离开还是让大家的情绪受到了影响。就在大家沉浸在失落的情绪中时，这时候办公室门外一句“怎么了，都跟霜打了似的?”瞬间打破了办公室沉闷的气氛。

大家惊诧地抬起头来，已经退了休的老李豁然出现在办公室里，办公室的气氛瞬间就活跃了起来，大家都围上来问好。原来公司暂时找不到合适的人来替代老李的职务，所以又将退休的老李返聘了回来。

究竟老李身上有什么魔力让员工们这么着迷呢？用他手下的员工的话说:“老李让我们学会了快乐工作。”

老李知道业务工作的压力比其他部门都大，自己的工资和业绩息息相关，有些业务员一味追求业绩，竭尽全力但是效果仍然不好。业务员工作压力大，工作灵活性也大，不但需要员工有丰富的工作经验和一定的工作技巧，还需要有良好的心理疏导和健康的心理环境，否则一旦工作进展不顺利，就会陷入消沉。由于业务员的工作压力大，难度也大，经常有人做到一半就顶不住压力跳槽，所以业务部的人员流动性大。因此，有些公司的业务员不但没有自己的办公场所，而且在公司里的地位和待遇也都很差，这也是造成公司的销售业绩不佳的主要原因。

老李认为，业务员的工作环境要比其他岗位员工的工作环境更好一点才行,因为好的工作环境能舒缓员工的工作压力而且还能提升员工的工作热情。于是,老李从办公室的环境抓起,凌乱肮脏的工作环境会让人有压抑和消沉的感觉。在他的带动下,员工们都很注意办公室的整洁,员工一走进办公室就有一种严肃但不失活泼的感觉。另外,老李还注重建立员工之间的良好工作关系,为了使员工们在工作中既有竞争还能互帮互助,他用划分工作区域的方式,建立良性竞争环境。业务部里如果有一名员工的业绩不好,大家都会帮他一起想办法走出困境,工作出色的员工还会毫无保留地为同事传授自己成功的工作经验。员工们都觉得自己能在这样的公司里上班是幸运的,同样是业务员,其他公司的业务员每天上班压力巨大,业绩不好的时候紧张焦躁,但是自己每天上班都高高兴兴的,来到办公室就像回到自己小时候的课堂,公司是帮助自己成长和发展的学校。

老李为员工创造良好工作环境使员工快乐工作的方式是极有成效的,由于老李的业务部的业绩一直在同行业的公司中处于领先地位,同行也经常派人来学习和观摩,这让员工们不仅为自己的工作感觉到骄傲,而且对工作也充满了热情和自信。

环境好坏对人的心态和情绪影响很大,同时,员工的工作效率又直接受心态和情绪的影响,因此通过改善工作环境来促进工作效率提升的方式是有效的。老李明白良好的环境能够提高员工的工作积极性和热情,这不仅提升了工作业绩更为员工营造了良好的工作气氛,让员工能够主动地、快乐地进行工作。这个案例不仅为企业的领导者们提出了一个环境造就人才的理念,而且也提醒了员工应该随时注意调整和改善自己的工作环境、保持健康快乐的心态,只有这样才能让我们快乐地工作、快乐地生活。

【职场感悟】

一个好的工作环境,往往能够成就一群优秀员工。因为,良好的工作环境能够让我们保持舒畅的心情,减少外部环境对我们的影响,从而使得我们在工作中能够集中注意力,将每一件事情仔细做好,最终让我们走进优秀员工的行列中。

5 热情与专注是快乐之源

职场上，有些员工频繁地跳槽，他们在找快乐；有些员工懈怠地面对工作，他们在等快乐。可是这样的结果只能是让自己越来越不快乐，一个无法专心投入任何工作的人，是不可能体会到过程中的快乐的，也更不可能取得任何成就。

当我们在事业上小有所成的时候，回过头去品味工作的过程，不难发现：我们往往是在自己在充满热情和全心投入的领域取得了成绩，也正是在这个过程中发生了蜕变——由最开始在职场上懵懵懂懂的新人，变成了现在的优秀员工。因此说，热情与专注就是快乐的源泉，也是让员工不断升华的宝贵精神。

简单的白色T恤、牛仔裤，一身休闲打扮，让人很难相信这竟然是国内某知名互联网公司的一名产品经理的打扮。

“三十岁的人了，还像个大学生一样有活力。”“他？大小孩儿，工作狂。”这是同事和朋友们对叶扬的评价，语气里透着钦佩和喜爱，还有点……淡淡的无奈。

但凡和叶扬待在一块儿，都会被他身上的那种热情和快乐所感染。但是日子久了可受不了，因为他跟你谈论的永远是工作：公司又有哪些新项目了，项目有哪些新功能，他在优化用户体验上又有什么好创意……一提起他那些宝贝创意，叶扬能拉着你从白天聊到晚上，精神别提有多好了。

说起来，有两个多月没见到叶扬了，朋友们还有点想念，这家伙最近怎么这么安静了？

原来，叶扬最近负责带领团队开发一个新项目。近两年，团

购在市场上掀起一阵网络营销的热潮,各大互联网公司都想从中分一杯羹,叶扬所在的公司也不例外。

但是当时团购的市场竞争已经进入白热化了,要从中突围出来,赢得一定的市场占有率,实在不是件容易的事。

由于公司是首次尝试做团购,因此负责开发团购项目的技术团队也是从各个部门临时调过来的。成员彼此之间不熟悉,配合不默契,加上任务难度大,常常需要通宵达旦地加班。开始,成员们常在私底下埋怨,甚至有人向公司申请调回原部门。

可是渐渐的,成员们被叶扬的工作热情与专注、投入的精神打动了。他们发现:这个领导身上似乎有种不一样的气场,非常吸引人——不管头天加班到多晚,到第二天他照样充满活力,投入自己最大的热情和专注去工作。

其实,叶扬每天的工作量是最大的,不光要召开部门会议,要跟客户那边联系沟通,还要解决开发中遇到的技术问题。作为产品经理,叶扬考虑到只有在用户体验上下工夫,才能打赢这场仗。所以,常常为了琢磨一个用户体验上的创意,叶扬能把自己关在办公室里一天不出来,回到家还在想着这件事情,简直达到了废寝忘食的地步。

尽管这么辛苦,但是叶扬从来没有出现过半点倦怠。反而每次当他想到了一个新的创意,又攻克了一个技术难关,是他最高兴的时候,用他的话说:“没有什么比做出更好的产品更能让我快乐了。”

更为重要的是,叶扬的努力与专注赢得了整个团队的心,不管工作多么累,项目的难度有多大,大家都愿意跟着他干。用大家的话来说就是:“跟着叶扬干很快乐,而且我们也希望成长为像他一样的优秀员工。”

叶扬取得的成绩,是让人羡慕的;而他在工作中所取得的快乐,更是让人嫉妒的。有句名言说:“世界上最幸福的事情,就是能做着快乐的工作,并获得不错的报酬。”

其实这种幸福,是我们每个员工都可以从职场上获得的。只要我们像叶扬一样,始终对工作保持着热情和专注的态度,倾尽全力地投入其中,就会发现优秀和快乐离我们不远了。

可能你会说:“我也想专注,想保持热情,但是似乎很难。”为什么我们在工作中总是无法全情投入呢?因为很多杂念在干扰着我们,如“这份工作也许并不适合我,要不我试试别的”“每天重复相同的任务,太机械了,我无法忍受;它对我来说太难了,我担心做不好”。

这些杂念无疑是快乐的天敌,是阻碍进步的魔障。当我们被这些消极的想法所困扰,就像被困住了手脚,不能完全发挥出自己的才华和能力,也更不可能在工作中有优秀的表现。哈佛大学的研究证明,一个人如果能在工作中有杰出的表现,85%取决于态度,而只有15%取决于能力。

所以,我们必须做一个热情又专注的人,只有这样我们才能够成为职场上的优秀员工。

【职场感悟】

只有用热情和专注去对待每一天的工作,将一切杂念从头脑中摒除,放开手脚地去施展才华,展开心胸去拥抱梦想,工作才会更加轻松——带给你荣誉的同时带给你快乐的享受。

6

赚钱不是唯一的工作目标

“我们每天辛苦地工作,究竟为了什么?”工作中的你有没有问过自己这个问题呢?也许你会觉得这是辛苦工作的人们,却没有得到相应的回报的时候说的一句抱怨之言;也许你会觉得贫穷的人们才会问自己这样的问题,而富有的人们则不会;甚至你也许能够回答这个问题:辛苦地工作就是为了赚更多的钱!因为我们的衣、食、住、行都离不开钱,只要我们赚了足够多的钱,就不需要再辛苦工作了,辛苦工作的目标就是为了赚

钱。事实真的是这样吗?

安德鲁·卡内基是美国大型钢铁联合企业卡内基钢铁公司的创始人。上世纪末20世纪初,卡内基钢铁公司拥有2万多员工以及世界上最先进的设备,它的年产量超过英国全国的钢铁产量,卡内基公司的年收益额达40000万美元。在当时的美国,“钢铁大王”安德鲁·卡内基与“汽车大王”亨利·福特、“石油大王”洛克菲勒并称为美国经济界的三大巨头。

安德鲁·卡内基可以称得上是富可敌国,在他年轻的时候对自己的人生价值有过很深刻的思考,他曾经说过:“人生必须有目标,而赚钱是最坏的目标,没有一种偶像崇拜比崇拜财富更坏的了。”然而在他说完这番话以后的二十年中,沉浸商海不能自拔的卡内基却忘记了自己说过的话。在这二十年中,他不断努力赚钱扩大自己的事业,直至把自己送到事业的巅峰,在这二十年中,他把积累财富、赚更多的钱当做自己的唯一目标。

然而当他终于从百万富翁成为千万富翁,直至富可敌国的时候,他突然发现自己迷失了。赚了这么多的钱,他早已经摆脱了贫穷,甚至他的财富可以影响到一个国家的经济,但随着家人一个个地离世,朋友们也渐渐远离了他,他感觉到从未有过的孤独和挫败感。他不断地问自己:“我辛苦地工作,但我并不快乐,赚这么多钱究竟有什么用?”

此时,他想起自己年轻的时候说过的话:人生必须有目标,而赚钱是最坏的目标……

最终卡内基给自己找到了新的目标,他毅然从钢铁事业中陷退,开始了把自己毕生的财富都奉献给社会的伟大计划。直至卡内基生命结束之前,他的各项捐献总额高达3.3亿多美元。当然,在他身后,“卡内基公司”及各项卡内基基金依然在实施他的捐献计划,况且这笔巨款还会不断地增加利息,或赚进红利,实际上他在世界上捐献的数额远大于这个数字。

卡内基用他传奇的一生告诉我们:赚钱可以帮你积累财富但不能为你带来快乐,更不能实现你的人生价值。事实上,如果我们把工作的目标限定在赚钱上面,工作能给我们带来很多经济利益的时候,我们也没有目标了，我们会因此而迷失。如果工作未能给我们带来预期的经济利益，那么我们会感觉到失望，这么辛苦地工作但是却没有赚到钱。

为什么我们不能换个角度来看这个问题呢？赚钱不是我们唯一的工作目标，工作是我们提升能力的途径，完善自己的过程，工作是能带给我们快乐享受的生活经历。而赚钱只是我们享受工作乐趣、提升自己能力之余的副产品。把赚钱当做工作的唯一目标，那么工作的过程是有压力的，也是令人痛苦的。一份让人感到压力和痛苦的工作是不会有很高的效率的，这样的工作过程既带不来金钱，更带不来快乐。长此以往，日复一日的工作就变成让人痛苦和煎熬的恶性循环。

“人生必须有目标，而赚钱是最坏的目标”，卡内基用他的一生验证了这句话。卡内基是幸运的，他的幸运并非因为他一生积累了巨大的财富，他的幸运是因为他有机会用生命最后的二十年来改正自己的工作和生活目标。他在创业的二十年中积累的财富到今天只是写在教科书上的一个数字，但是他设立的各项基金却让人们受益至今。

“我们每天辛苦地工作，究竟为了什么？”正确答案应该是：在工作的每一天中都看到自己努力提升的痕迹，并为这一点一点地提升感觉到快乐和充实。

【职场感悟】

工作是人生重要的经历，员工为自己的工作确立什么样的目标，基本也限定了人生目标的范围。每个人对财富的理解不同，太过于强调物质财富的概念就会忽略精神财富的作用。事实上工作过程中的自我完善和提升的经验是人最大的精神财富。事实上精神上的富有更能体现一个人的社会价值和人生价值。

第四章　方圆之道:让我们完美地融入职场,做职场上最闪亮的明星

“没有规矩,不成方圆。”“方”指做人要有原则;“圆”,是指做人做事要因人、因事、因时而变通。方圆乃是为人处世的一门学问。如果我们能够将方圆之道很好地融入自己的职场当中,我们就能够非常融洽地和同事相处,做职场上最闪亮的明星。

1

好人缘让我们成为最闪亮的职场人

一个人在工作当中有较好的人脉关系也是一种优秀的能力。因为，他在工作当中能够靠着自己的好人缘解决很多的困难。

在职场上能够建立良好的人际关系，有一个好人缘，也就相当于给自己积累了一笔十分丰厚的财富。一个人缘不好的员工在企业当中也会遇到很多麻烦，虽然自己可能有较强的工作能力，但是因为处理不好与周围人的关系，在工作当中遇到了困难也不会有人替你分担，最终也制约了自己的发展。人缘的好坏直接影响自己的发展前途，这样的情况在实际工作当中非常常见。在当今的形势下，很多企业都是通过民主投票选拔干部，试想一个人缘不好的员工怎么能够获选呢？一个工作能力强、人缘好的员工是最容易获得升职的员工，同样也是企业里面最闪耀的星星。

在工作当中，与别人沟通交流，与同事协同工作，这是我们职场生活的一部分。无论在工作还是在生活当中，我们都要维持好和别人的关系，我们不可能独自工作和生活，都会和别人打交道，这就需要我们发挥自己的交际能力，更好地达成自己的目的。良好的人缘也不是短时间能够培养起来的，需要我们在尊重别人的基础上，与别人通过沟通和交流增进了解，获得认同，达成共识。

梁军两年前刚毕业就参加了工作，经过两年的职场生涯自己的工作却没有什么实质性的进步，在工作中遇到的问题总是源源不断，而且在遇到问题的时候也没有同事肯对他施以援手。梁军是一个性格孤僻的人，在工作当中总是不能很好地融入自己的同事中，这让他看起来非常不合群。梁军也发现自己存在这方面的问题,但是他觉得这和自己的工作没有什么关系,也就没有给予足够的重视。

其实,早在梁军在上大学的时候,同学们就说他为人非常固执。他在学校时,对自己不喜欢做的事情无论别人怎么劝都不会去完成,对自己看不惯的同学也会直接表达出自己的反感,从不给人留情面。

进入职场以后,梁军把自己上学时的习惯带到了自己的工作当中,凡事以自我为中心。正是因为这样,梁军得罪了很多同事。时间长了,同事们都不愿意理睬他,最终导致他的人缘在公司里面越来越不好。

其实初入职场的人最需要的就是同事的帮助和理解,但是梁军因为自身的原因,却在工作中得不到同事的援手,渐渐地,他感觉到工作压力越来越大。他在工作单位根本交不到什么朋友,总是被其他的员工抛弃和孤立,还有的时候会被别人当工具使用。在受过几次挫折后他突然觉得自己非常的失败,所以从内心深处对自己的同事产生了戒备心理。

这样的局面让梁军感觉到非常痛苦和困惑,但他并没有从自己身上找原因。有一次,梁军参加同学聚会,和自己的同学说出了自己的心里话:他觉得自己的同事都非常虚伪,自己实在无法忍受那些同事每天都带着一副“面具”工作,而自己做不到那种境界。他觉得没有必要和同事装腔作势地聊这聊那,在公司里有没有志同道合的同事,对自己来说也不是很重要的事情,就算是自己一个人也能把自己的工作做好。

梁军抱着这样的想法继续在公司里面工作,但是他却显得越来越不合群了,自命清高的他也不愿意与那些同事为伍。独立完成工作的方式虽然让梁军的工作能力得到了提升,但是每次单位有什么加薪和升职的机会,却没有他的份,这让他非常苦恼。他感觉到自己的职业前景一片昏暗,不得以之下,他终于向公司提出了辞职的请求。

建立良好的人际关系,得到同事的尊重,对自己的职业发展起着很大的作用。好人缘能够为我们创造一个轻松愉快的工作环境,这可以帮助我们忘掉工作当中的单调和疲倦,保持良好的心态。但是在工作当中有很多员工像梁军一样,不能很好地处理自己和同事之间的人际关系,于是和同事的距离越走越远,在工作当中他们还有可能产生一些矛盾,慢慢激化彼此之间变得水火不容,这无形中给自己的工作增加了难度,为自己的事业发展设立了障碍。

志同为朋,道合为友。在一个企业当中,同事之间常常是一起进进出出,每天都是低头不见抬头见,大家应该在一起说说笑笑,共同完成工作任务。在工作当中更应该能交到志同道合的朋友,一个好的人缘让我们在工作中相互扶持,也能让我们彼此信任、互相督促。一个善于处理人际关系的人在职场当中工作起来会更加的顺利和轻松。

一个有好人缘的员工往往是工作团队的核心人物,能为大家营造一个和谐温馨的工作氛围,在团队中具有巨大的影响力和凝聚力,在团队具有举足轻重的地位。这样的人也起到了凝聚人心的作用,能够让大家更团结地进行工作,企业也不能缺少这样的人才,正是由于这种人的存在才让工作变得不再单调,让企业的员工对企业产生感情,从而大大降低企业员工的流失率。因此,我们应该渴望和同事交往,善于和同事交往,让自己的好人缘帮助我们成为最闪亮的职场人。

【职场感悟】

好人缘让我们成为最闪亮的职场人.在职场当中我们一定要处理好和同事之间的人际关系,只有这样我们才能在自己的工作当中事半功倍。多个朋友多条路,有良好的人缘就能让我们人生的道路变得非常宽广。

2

懂得变通：优秀大多源自变通

在市场激烈的竞争中，企业最紧缺的就是人才，而人才最基本的特点就是有超乎一般员工的智慧，这些有智慧的员工懂得在自己的工作当中如何变通，在工作当中遇到问题能够用不同的方法进行解决，这样的员工才会在激烈的竞争中立于不败之地，只有这样的员工才能够得到企业重用，也只有这样的员工才能为自己的职业发展铺就成功的道路。

职场当中的优秀员工，都懂得变通取胜的道理。当工作中遇到了用常规方式解决不了的难题时，不会墨守成规，而是绕过常规，采用灵活变通的方式解决它。这种优秀品质也体现在他们的职场交际中，在与别人的沟通和交流遇到阻碍的时候，在与同事的关系陷入紧张的时候，他们不会采用极端和强硬的方式来说服对方，而是通过变通的方法巧妙绕过阻碍，化解矛盾，消除紧张。

小刘大学毕业以后应聘到一个军工企业中担任技术员，初到单位的小刘对新同事和自己的新工作都感觉到很新奇。小刘对待自己的工作一丝不苟，总是在碰到工作上的难题的时候谦虚地请教同事。他在单位对同事都非常尊重，平时也很乐于帮助别人。单位同事不管是工作上的事情，还是家里的事情需要他帮忙的时候，他从来不推脱，高高兴兴地帮别人把事情做好。

时间长了，单位的同事也渐渐喜欢上这个好学谦虚的年轻人。小刘也非常喜欢自己的工作和同事。不过，单位的同事中有位老工程师就不那么让他喜欢了。这位老工程师姓陆，平常单位的同事们都叫他“老陆工”，但是背地里却叫他“倔老头”。

说起老陆工可不是简单的人物，他早年毕业于哈尔滨工业大学，那所大学为我国培养了不少军事行业的尖端人才。同事们觉得就是因为这个，老陆工有点清高孤傲，不太把单位的同事放在眼里，和同事说话的时候也极不客气，甚至刻薄。老陆工的人缘不好，同事们和他在单位也只是打个招呼，除了工作，从不和他有过多的来往。所以，同事们都不知道老陆工的家庭情况和家庭住址。

同事们不喜欢老陆工还有一个原因，这老头明明知道在办公室里不能吸烟，但是他从来不管别人，经常在办公室里喷云吐雾。为了这件事情，单位领导找他谈过话，办公室同事也和他发生过争执，不过效果都不大，老陆工依然我行我素。

小刘刚来单位的时候也听同事们抱怨过："这个倔老头真讨厌，吸烟从来不出办公室，一点公德心也没有。"细心的小刘却觉得老陆工虽然有些事情是让人看不惯，但是同事们一味讨厌他、排斥他的方法未必就值得认同。

一次下班以后，单位派小刘去老陆工家给他送资料，他好不容易才打听到老陆工家的地址。老陆工家只有他一个人，家里凌乱不堪，看起来平时没人照顾他的生活起居。但是他注意到墙上有一张全家福却擦得干干净净。虽然有全家福，但没有看到他的家人，这让小刘非常好奇。后来他有意关注有关老陆工的情况，知道了老陆工的儿子前些年因为车祸去世，老年丧子的经历让老陆工陷入了悲痛中无法自拔。从那以后，从来不吸烟的老陆工学会了抽烟，而且还渐渐成了一支烟瘾极大的"老烟枪"。老陆工的老伴劝他也不听，后来因为这个还和他离了婚。

小刘知道了这件事情以后，也把这件事情告诉了同事们，劝同事们在单位里和老陆工多聊聊天，不要孤立他。而且小刘自己在休息的时候也会陪陪老陆工。慢慢地老陆工有了变化，对同事也不那么刻薄了，有时候还会和同事们开开玩笑。同事们随着和他接触的增加，发现这个老头没那么讨厌了。而倔强固执的老陆工也在同事们渐渐增加的关心和尊重中变得开心起来。虽然，老陆工依然还吸烟，不同的是，他每次吸烟都会离开

办公室。

年轻的小刘帮同事们解决了老陆工在办公室吸烟的问题,看起来这就是一个简单的解决人际关系矛盾的问题,但是领导的批评和同事的指责都解决不了的问题,却让小刘通过变通的方式解决好了。其实,任何难题都有解题的方法,不同的是,难题往往用常规办法无法解决,必须要我们改变思路,换种方法才能顺利解决。

变通是一种技巧,也是一种能力,如果我们把它灵活地运用到自己的职场当中,在处理人际关系问题时,学会站在对方的立场看待问题,不被自己的经验和思维的定式所束缚,这样才能灵活变通,化解问题。这就好比一颗珍珠,除了能做成首饰被人们佩戴,还可以磨粉做成药材,起到治病救人、美容养颜的效果,所以我们不能受到常规模式的桎梏,我们要学会变通,做一个思维灵活的人应对周围发生的各种问题,并善于发现自己的不足,善于改正自己的缺点,也许自己就能成为更加成功的人。

在职场中,缺乏一定的灵敏度和变通的能力,无法处理好人际关系的员工不在少数,当他们在与人交往的过程中出现问题时,他们要么显得无所适从,只能够顺应事情的自然发展,没有一点主动权,要么用强硬的方式,强迫对方接受自己的理念和想法。其实,处理好人际关系不难,只要我们充分利用自己的变通能力,积极应对,就能为自己在工作团队中建立良好的人际关系,使自己顺利融入职场。懂得变通才能成为职场中优秀的员工,才能够为自己创造出更加光明的前途。

【职场感悟】

变通,让员工八面玲珑。在面对工作当中各种未知的变化时都能够从容地解决问题。变通,也让我们变得更加优秀,用自己一分的努力获取十分的经验。

3

多一点低调，多一分优秀

低调是一种成熟的做人态度。刚刚步入职场之时，我们一定要学会低调，这样我们才会获得别人的帮助和教导，赢得别人的尊重和认可。低调做人，是我们在日常工作中与领导和同事建立良好工作关系的“良方”，低调做人的方式，能帮助我们获得领导的信任和同事的尊重，便于我们更好地融入工作集体，是我们在处理人际关系时的“润滑剂”。

低调做人也是我们自身素养和智慧的体现，能低调做人者，往往具有豁达的心胸，淡定的气质，谦卑待人的修养和宠辱不惊的品质。低调做人的态度也是员工必备的做人学问和交际智慧，低调做人的态度让我们在职场中显得更出众，更优秀。因此，一名优秀的员工也应该是低调做人典范。

在美国纽约的一个嘈杂凌乱的车站候车室里，一个神情疲惫的老头坐在候车室的角落。他的衣着普通，甚至还沾着许多尘土，看起来就像从乡下很远的地方走过来等车的顾客。列车进站的时候，等车的人们纷纷站起来拥向站台检票。正当这个老头也准备随着大家一起进入站台的时候，他听到身后传来一阵喊叫声。

他转过身顺着声音望去，只见一个拎着大箱子的胖太太费力地走到他跟前，看得出来箱子很沉，胖太太走到老头跟前的时候已经气喘吁吁。胖太太觉得只要给他点钱，这个衣着普通的老头应该会答应帮她把箱子送到车上。她说：“我给你一美元，你帮我提下箱子。”

老头听了她的话，想都没想就拿起箱子和胖太太一起朝站台走去。老头把箱子放在胖太太的车厢前，胖太太这才放心地舒了口气，要不是老头帮她，她可能真的要误了火车。

胖太太拿出一张一美元的钞票递给老头，老头微笑着接过钱。正在此时，列车长走到老头面前，恭恭敬敬地说："洛克菲勒先生，您好，很荣幸您乘坐本次列车，请问我能为您做点什么吗？"

"什么，他是洛克菲勒吗？刚才我究竟做了什么，竟然让大名鼎鼎的石油大王替我拿箱子？"胖太太大叫着，并且不停地道歉，她觉得自己冒犯了这么有声誉地位的人，简直就不值得原谅。她请求洛克菲勒把那一美元退还给她，因为给洛克菲勒这样的名人一元钱小费根本就是在侮辱他。

洛克菲勒面带微笑地听胖太太说完，然后说："太太，您不用道歉，这一元钱，我可不能退回给您，因为它是我挣来的。"

胖太太刚才的吃惊叫喊声引来了一群驻足围观的人们，好奇的人们听完洛克菲勒和胖太太的对话都对洛克菲勒投去赞许的眼神。

洛克菲勒是美国当时著名的财阀，他的石油集团几乎垄断了全美国的石油市场。就是这样事业卓著的人却有着如此低调的行事作风。由于他的富有，他的名字几乎在美国家喻户晓，但是他平易近人、虚怀若谷的行为才是赢得人们尊重的真正原因。

同样，在职场上一个有内涵、有实力的人不一定会永远站在事业的巅峰，但是低调而谦虚的作风会赢得人们发自内心的敬佩并且永远记住他。

(1)谦卑和宽容是低调做人者的待人之道

低调的人会在工作中宽容别人的过错和短处，虚心学习别人的优点和长处。

谦卑能够克服我们骄傲的心态，虚心地习人之长，克己之短。谦卑的态度能让我们在工作中清醒地看到自己的缺点和劣势，也能发现别人的优势和特长，这是取人之长，补己之短，促进自己不断进步的前提。谦卑的态度也容易获得别人的认可，赢得别人的好感，帮助我们融入集体中成为和谐的一分子。宽容别人的错误需要有豁达的心胸和气度，我们都知道当别人犯错的时候，一味对他进行批评和指责，不如在理解和宽容的基础上帮助他改正错误。这不仅能让犯错者改过，也是建立友好关系的契机。谦卑和宽容可以帮助我们建立良好的人际关系，为自己营造良性工作氛围。这是我们工作不断进步，事业不断发展的基础。

(2)成熟内敛、不露锋芒是低调做人的自我保护之道

我们在工作当中取得了一些成就的时候，一定要记得收敛起自己的得意和张扬情绪。在你过分夸耀自己成绩的时候，就会引来周围人们的反感和排斥，甚至招致一些人的嫉妒。在充满竞争的职场当中，因为个性张扬或者炫耀成绩，而引来别人的反感和嫉妒是很危险的事情，很难避免别人在工作中为你制造困难，设置障碍甚至"冷箭伤人"。相反，在职场中不露锋芒，谦虚谨慎的低调态度，会赢得周围人的好感，这就像是为自己设置了一个可靠的防御工事，将自己置于和谐友好的人际关系氛围中。

(3)平和淡定、踏实努力是低调做人的成功之道

我们都知道工作成绩和事业成果是我们一点一滴的劳动换来的。历史上有名的成功者，之所以能够取得丰功伟业，不是依赖投机取巧和恩赐，而是凭借自己踏实积累，努力创造而来。每个人都希望自己获得优秀的工作成绩，盼望自己的事业获得成功，但低调做人者，会把这份渴望和愿景默默地放在自己心里，用踏实和努力的工作来帮自己达成愿望。低调做人者的心中永远有一个清晰明确的目标，在获得小小的成功和业绩的时候能做到淡定和平和，因为他们不会为小功小利迷失自己，追求成功和卓越才是他们真正的目标。

培养自己低调做人的态度，事实上就是把自己往成功和优秀的目标上推进了一步。低调的人往往更容易在职场中取得成功，原因是低调的人以谦卑的方式与人相处，与人相容，为自己营造良好的成功氛围，以踏实努力，默默无争的工作态度为自己铺就通往成功的道路。因此，我们在职场中多一点低调，就是为自己的职业生涯增添一个通往成功的砝码。

【职场感悟】

工作并不像我们想象的那样一帆风顺，当努力被残酷的现实击得粉碎，当理想化为泡影，那些习惯于策马扬鞭的高调者往往因为经受不住打击而败下阵来，丧失工作的斗志。因此，我们就应该保持低调，能够以一种从容淡定的胸怀笑看失败，勇往直前，直到自己成为职场最闪亮的"明星"。

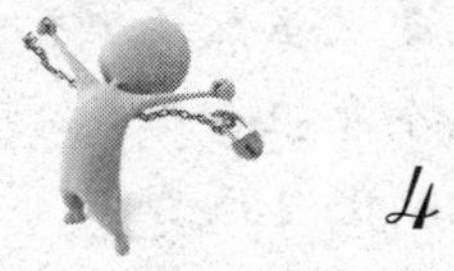

4

做好细节才能完美融入

身在职场的人们,能够在工作中与自己周围的人们进行有效沟通、建立良好的工作关系、顺利融入自己的工作团队是件极其重要的事情。很多人觉得自己的专业技能才是自己能立足职场的根本,事实上,你是否能成为自己团队中和谐的一分子,是否能与同事进行有效的沟通,是决定我们职场成败的一项重要指标。在工作中想要建立良好的人际关系,将自己打造成团队中的亮点,并为自己开拓出一片光明的职业前景并非易事。

很多人觉得自己的性格开朗、坦率就能融入职场。殊不知,建立良好的人际关系是一门学问,它涵盖了交际礼仪、沟通能力、心理学、文化背景等许多方面的内容,学术界甚至专门开设出一个研究领域来研究人际关系的复杂性。因此,顺利融入职场,建立良好的人际关系需要我们仔细观察,费心经营并学会从小处着手,努力做好每个细节。

林峰是一个努力的年轻人,进入公司几年中,凭借自己专业能力强的优势,给公司创造了不少效益。最近,公司老板正在考虑为他升职加薪。

哪知道老板的这项提议却遭到了几个部门主管的反对。有的说:"林峰能力是不错,不过,我有一次发现他上班时候玩网络游戏。"还有的说:"林峰是挺优秀的,不过他太不修边幅了,穿衣服随便,上次客户来的时候差点把他当成清洁工,如果提拔了这样的人做公司中层领导也太有损我们公司的形象了。"

林峰的部门主管却有不同的意见:"林峰是我的属下,他的情况我最了解。你们上次看到他玩游戏的事情我知道,那天他加了一整晚的班,早上大家来的时候,他还在等着给我汇报工作,所以玩游戏调剂一下,顺便等我。他穿着随意也是这样,上次客户来的时候，我们恰好正在攻一个项目，他连续几天没回家了，也没办法回家换衣服。”主管顿了一下，想了想又说：“虽然林峰有客观原因才会让大家误会他，但是也反映出这个年轻人平时不注意细节，而且和其他部门的同事们缺少有效沟通和交流。”

老板听了主管们的分析以后，最终，还是决定为林峰升职加薪。同时，他也提醒林峰，一定要注意在工作过程中和同事们建立良好的沟通，注意细节问题。因为，这次如果不是他的主管站出来仗义执言，他很可能失去这次升职的机会。

林峰虽然升职了，但是从他的身上我们能够看到他在处理人际关系时存在的问题：林峰在自己的部门内建立了良好的人际关系，但忽略了与其他部门同事的沟通和交流，因为这样的细节问题，所以才会让别人误会他“上班玩游戏”“不修边幅”。另外，林峰如果有足够的职场经验，像上班玩游戏、不修边幅这样的细节问题也是可以避免的。

工作中与别人友好相处，建立融洽关系是需要花费心思，做好细节工作的。许多人在职场中经历波折、升职困难的原因也许并不是他们的工作能力低，而是他们很有可能忽略了人际交往中的细节工作。比如：与老员工在一起交谈的时候，态度过于随便，有失尊重；不经意在人前评论某同事的缺点，给人留下你刻薄和小气的印象；和某些同事关系过于亲密，让人误会你拉帮结派等等，说起来这些都是我们容易忽略的小事，但往往这些小事就是阻碍我们在职场顺利发展的“绊脚石”。

事实上职场中太多这样的故事，我们因为疏忽了一个小小的细节，毁了自己长期努力经营的人际关系。我们有时候觉得委屈和冤枉，甚至懊悔责备自己：当时我要注意到这点就好了，当时我要是不那样做就好了…… 事实上，要在职场中游刃有余，除了不断提高自己的工作能力之外，加强与老板、同事间的沟通，注意日常的言行细节也非常重要。归纳起来，我们应该注意下面的细节：

(1)注重个人形象和职场礼仪。身在职场，我们的衣着打扮、言行举止中所体现出来的素养方面的信息，不仅影响别人对你的印象，也代表了你所在公司的形象。所以职场礼仪和个人形象、气质的塑造是我们置身职场的必修课。

(2)提升自己的适应能力。进入职场，确定自己在工作单位的职位以后，通常会有一个适应环境的过程，了解公司的各项规章制度，熟悉自己的同事。在这个过程中，我们往往会觉得新环境与自己想象中的有些出入。此刻，更要尽快了解公司和同事的禁忌，注意自己的言行。尽快适应新环境，并作出相应的调整，这是我们在职场中生存和立足的基本能力。

(3)建立与领导、同事的良好沟通渠道。置身职场中，自己的领导和同事是对我们的职场经历起到关键作用的人。能够有效地沟通，与自己的领导和同事建立良好的关系，取得领导的肯定认同，赢得同事的理解和支持，是我们顺利进行工作的前提。在这个过程中，我们要注意：尊重别人的习惯；避开别人的禁忌和敏感话题；学会求同存异的柔性交流方式；适时赞扬别人的优点等等这些细节问题。

(4)谨言慎行，诚信做人。这是建立在保持良好人际关系的基础上的细节要求，也是细节中的细节。给同事留下好印象的人们，通常不会在公众场合评论他人，更不会做出不合时宜的事情，这就需要我们有很高的做人素养。通常我们在适应了环境之后，会在不经意中暴露出自己的缺点，比如：和几个私交好的同事议论他人；和熟识的同事随意开过分玩笑；轻易许诺别人，又不去践诺等等。这样的事情往往发生在与别人已经建立良好关系之后。事实上，这样的细节最容易将我们已经建立的良好人际关系毁于一旦。

【职场感悟】

总之，细节决定成败。是我们经过长期实践总结出的宝贵经验。人在职场，需要掌握一些为人处世的窍门很多，而做好细节就是让我们顺利立足职场，完美融入工作团队的一门十分实用的技巧，学会这门技巧，对我们立足职场、顺利发展起着举足轻重的作用。

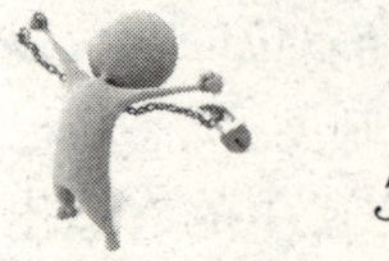

5 内方外圆的职场融入之道

在职场当中，我们要充分让自己做到“内方外圆”，这也是我们做人应该有的内涵。没有规矩不成方圆，“方”就是我们做人要遵守自己做人的原则、为人正直。“圆”就是让我们做人老成、善于处理人际关系。“内方外圆”就是让我们在职场当中要秉承正确的做事原则，同时还要擅长处理各种冲突和矛盾，懂得舍与得，做到进退有度，为自己营造良好的关系氛围。

“方”是我们为人处世的原则，我们从小受到学校和家庭良好的教育，懂得了做人要正直、善良。可是当我们真正踏入职场，融入社会时，往往发现外面的社会不像我们想象中的那般单纯，这时候就会有很多人对职场感觉到迷茫、犹豫、怀疑，开始质疑自己之前所学的到底是不是正确的。

事实上，“方”是我们的为人之本，是我们为人的基本支柱。在工作当中，骨子里具备着“方”的精神的人，极易赢得同事的爱戴和信服，往往会成为团队中的核心人物。没有“方”的精神的人也是一个做事没有原则的人，在工作当中也会遭到同事的轻视和排斥，这样的人对任何事都没有主见，总是习惯按照别人的意愿做事，最终成为职场中的“配角”。

内方就是要我们为人正直、诚实、谦逊、守信、公正、真诚、勤劳，这样才能让我们拥有一个卓越的人生，树立我们正确的价值观，提升我们的职业素养，这是我们取得事业成功的关键因素。当然，我们在工作当中，一味注重原则，只有“方”也是不行的，过于“方”的人，在工作和生活当中缺乏柔软、成熟的社交技巧，容易用自己的“棱角”伤害到他人。这样的人就像一只没有人可以接近的“刺猬”，让有意接近你的人充满疑虑和顾忌。所以，一个方正的人想要让自己的能力变得更强，需要向别人展现自己“圆”的一面。

“圆”不是让我们投机取巧、老练奸诈，而是需要我们掌握为人处世的

技巧，这样才能在工作当中获得更好的人缘，得到大家的尊重和认同，在工作当中做到无往不利。想要做到“外圆”，应该努力提升自己的素质，在为人处事方面讲究方法、技巧和艺术性。熟练运用合适的表达方式，积极乐观地和同事沟通，也要学会与别人合作工作和分享成果，这样才能真正提高自己为人处世的能力，在工作当中要建立自己庞大的人际关系网络，不断去扩大自己的影响力。

内方外圆的为人处世技巧在我们的工作当中起到了巨大的作用。内方外圆往往可以衡量一个员工的职业素养和社交能力。如何将内方外圆的技巧运用得恰到好处，也是件不容易的事情。

如果内在过于方正，就会显得过于保守呆板，不懂得如何变通。他们在工作当中少言寡语，对待自己的工作也是非常的本分。与他人相处的过程中爱憎分明，原则性强，对于自己看不惯的人或事，坦率揭露，不留情面。是非分明虽然不是什么坏事，但是表达的方式过于直接，就会让身边的人畏惧而不敢亲近。正因为如此，这样的人在工作中常常处于孤军奋战的被动局面。

如果我们的外在过于圆滑，又会显得我们有一些虚伪。八面玲珑的人，在人际交往的过程中总是能够面面俱到。这样的人会给别人留下轻浮虚伪的印象，很难取得别人的信任，容易成为大家躲避和孤立的对象。在职场中，这样的人往往缺少同事的援手和帮助。

内方外圆就如同太极一般相辅相成，过于方正和过于圆滑的人，都会出现在工作中缺少内援和支持的情况，这将会让他们在职场当中难于生存，更谈不上取得事业的成功。所以，内方外圆的为人处世之道是职场人获得成功的一个非常重要的因素，内方外圆也尽显我们员工的修身之道。身在职场的人们应该仔细剖析自己，及时调整自己的“方”、“圆”比例，在实践中不断提升和修炼，顺利融入自己的工作团队，迅速发展成团队中的核心。

内方外圆也就像一双鞋，只有两只脚都穿上才能不怕路途中的险阻，也将会在职业的道路上走得更快、更好。方存在于圆中，圆也融在方里，两者互相结合才能让我们员工发挥出自己最大的能量。无论是方还是圆，我们都要张弛有度，否则将会起到物极必反的效果，过方和过圆都是不可取的。等到自己真正做到了内方外圆的那天，相信成功即将临近。

【职场感悟】

其实内方外圆的做人之道是一门很深的学问，只要我们能够将内方外圆充分地运用到自己的工作和生活当中去，那么我们的能力也就会有一个实质性的飞跃，通过自己对方圆之道的不断摸索和调整，我们就一定能够很好地融入职场当中。

第五章　职业素养：良好的职业素养是打开优秀之门的“金钥匙”

一个人想要在职场当中取得成功需要很多因素，其中一条就是需要具备良好的职业素养。拥有了良好的职业素养就相当于在成功的道路中找到了最佳的方法，这是打开优秀之门的一把“金钥匙”，有了这把“金钥匙”我们就能够找到人生当中的“宝藏”，有了这把“金钥匙”，就能让自己的能力变得更强。

1 最优秀的员工往往都是勇于担责的员工

我们每一个员工在职场中勇于承担责任就是对工作的一种高度负责的表现,我们每一个员工都希望把自己的工作做得更好,都在不断地追求工作的效率和完成的质量。在工作当中我们每一个人都应该对自己的工作负起十分的责任,这就需要我们的员工有一颗责任心。我们在工作当中也不仅仅要一心只想着如何成功,我们更应该多想想自己的责任,只有我们非常认真地负起属于自己的那份职责,并尽自己最大的努力,这样才有获得成功的可能。总之,只有勇敢承担起自己的责任,我们才会在自己的职业道路上走得更加长远,才会迈向成功。只有我们每一位员工都能够主动承担自己的责任,我们的公司才能得到更加和谐的发展,只有承担起这份责任,我们才会有更加美好的明天。

在职场中,任何一个职员都想通过自己的努力工作来体现自己的人生价值,将自己的工作做得尽善尽美,从而取得职场上的成功。但是,在具体的工作当中,我们的真实表现却往往没有自己预想的那么好,总是显得有些差强人意,对领导交办的任务总是不能出色地完成,自己的工作效率也没有明显的改善,这样就逐渐降低了自己对工作的积极性,自己最初的目的也没有实现,最后面对工作当中不如意的事情常常会产生抱怨的情绪,在工作当中也非常容易怯懦,对待自己的工作也常常是敷衍了事,长此以往,这将非常危险。

某个知名的香港服装公司在北京设有办事处,在北京办事处刚成立的时候需要申报税项,当时主管为了给公司省下一笔税钱,就准备瞒报税项,他也为自己这个想法犹豫了很长时间,

但是听说有很多这样性质的办事处都没有申报,再加上这个办事处没有任何的营业收入,所以这个主管也这样做了。

但一年以后,税务局在检查的时候发现这个办事处从来没有纳过税,于是就对其进行了三万元的罚款。经过罚款,香港的总公司知道了这件事,并致电询问了具体的情况,这位主管却推脱说:“当时我想申报税项,发现有很多办事处也没有进行及时的申报,我经过反复的思考,为了公司着想,瞒报也不会出什么大事,具体操作我也不太清楚,都是下面的职员全权负责的。”于是老板又通过电话向负责的职员了解情况,员工承认全部的流程是由自己操作的,但都是按照上级主管的意思办的,要是主管没有交代下来,自己也不会自作主张。

最终老板将这位主管辞退,这本来就是他应该负的责任,但是他却推给了一个普通的员工,老板绝对不会容忍一个一遇到事情就极力推卸责任的员工留在自己的公司中。

也许老板不会因为几万块钱就随意辞退一名主管或者员工,但是主管的行为不得不让老板将他辞退,这样人在公司当中没有任何担当能力,如果将这样的员工继续留在公司中,还会出现其他问题,那么他还会将责任推给其他人,这样的员工怎么能够在公司当中担当重任呢?

其实在工作当中我们每一个人都是具体的责任人,我们对待自己的工作要有一颗责任心,遇到了问题我们也要敢于承担责任。只有义无反顾地承担应该属于自己的那份责任,通过自己不断的努力,我们才会取得成功。勇于承担责任也是我们做人的一种高尚品质,是我们在职场生涯中的基本生存条件。我们无论在企业当中身处何职、能力有多少、工龄有多少,不管企业的性质如何,也不管自己岗位的特殊性,我们都要对自己的工作恪尽职守、勇于承担岗位的责任。我们想要在企业当中独当一面,就必须要肩负起自己应有的职责,勇敢地对岗位负责,这样才能对得起自己良心和职业的素养。

在职场中,再厉害的员工都不可能从来不犯一次错误,无论是因为疏忽还是因为别的什么原因,都会或多或少犯一些不同程度的错误。我们在工作当中犯了错误并不可怕,但是我们一定要在错误中吸取经验和教训,在工作当中更加认真,防止以后再犯同样的错误,我们万不能找任何借口为自己开脱，这是一种懦弱的表现。我们如果在出现错误的时候不敢承认，虽然有可能逃脱企业的追究，但是在自己的内心已经种下了逃避的种子，当逃避的心理在心中生根发芽，就会让我们养成一种不良习惯，同样还会引发出很多的“并发症”，让我们的工作能力变得越来越低下，在不知不觉当中降低自己的竞争能力。要记住，在工作当中遇到了问题千万不要逃避，我们要主动承担起相应的责任，从中吸取足够的经验教训，以免再次掉进同一条河流当中。

在职场中，不同的岗位需要我们拥有不同的岗位职责，每个人都不能放松对自己岗位职责的要求，忠于职守应该是员工对自己的基本要求，勇敢地承担责任就是一种高度负责的职业操守，只有敢于承担责任我们才能把自己的工作做得更加完美。

【职场感悟】

在职场当中每一个对自己工作负责的员工，都是敢于直面错误的勇士，我们带着这份勇气和认真的态度投入自己的工作当中，就能够让工作做得更到位，而且勇于承担责任，别人也就更容易原谅自己所犯的错误。所以说，勇于承担责任的员工，才有资格成为一名优秀的员工。

2

廉洁自律：不要让贪欲腐蚀了我们

廉洁自律是对我们每一个员工的基本道德要求，自律也要从每一件小事做起，我们每一个员工都应该形成自律的意识，通过自己内心的转变，从而不断地克服工作中存在的各种困难，在工作当中改善自己的不足，纠正自己的错误，逐步树立起高尚的敬业精神和廉洁思想。

我们在工作当中应该做到自律，对待工作一定要做到谨小慎微，在工

作当中一定要从细节做起、防微杜渐。纵观历史,经验告诉我们任何人都不能够从根本上杜绝自己的贪欲,员工在工作当中同样能够掌握着不同的权利,对自己欲望的纵容将会对我们的工作造成很大的影响,原本勤奋敬业的精神会受到很大的威胁。不能很好控制自己贪欲的员工,会引导他们慢慢走向堕落,这个重要的原因就在于他们没能够很好地遵守自己的道德底线,对待自己的工作不能很好地做到廉洁自律,随着自律意识的消失自己也会被慢慢地腐蚀,这样做无异于自取灭亡。在工作当中注意小节上的廉洁自律也是非常重要的,我们如果在小节上都不能很好地保持廉洁自律,对这些小节的诱惑都禁受不住,就会在这些小节上面出问题,而这些小节也具有很好的隐蔽性,更不容易被别人发现,当自己在小节中尝到了甜头,就会被贪婪之心迷住心窍,那么贪欲就会慢慢膨胀,直到最后成为一个无法治愈的毒瘤。在工作当中如果小节不守,那么在大事上面也将很难守住自己廉洁自律的心,这样就失去了自己的职业道德,严重时还会受到法律的制裁。

胡质是淮南寿春人,在魏文帝时期,担任东莞太守、荆州刺史的职位,后又加封为振威将军,被赐为关内侯。他的儿子叫胡威,在晋武帝时期担任青州刺史的职位。在曹操主持朝政的时候,胡质还是一个名不见经传的小官,之所以后来他官位显赫,既不是靠拉拢上级、溜须拍马也不是靠行贿升官,而是靠自己的廉洁自律和治理百姓的业绩。魏文帝在位时,胡质担任东莞太守,做官九年,政通人和,受到了广大百姓的称赞。后来他担任荆州刺史以后,自己的政绩也是非常显赫,在他的管理下,百姓过着丰衣足食的日子。胡质虽然当官,但是自己的家里却并不富裕,自己的家里更是没有任何值钱的家当,他的儿子胡威从洛阳去看望身在荆州当刺史的父亲,路途当中没有车马,更是没有一个佣人,只好骑着家中的毛驴独自赶路。胡威途中住店时,为了省钱更是自己劈柴做饭、放驴。当别人知道他是荆州刺史的儿子的时候,无不感到非常惊讶和钦佩。胡威到达荆州见到了自己的父亲,并在破旧不堪的府邸住了几天便向自己的父亲辞行,临走时胡质想要拿些礼物送给儿子,以表示自己对儿子的心意,在自己的家中翻箱倒柜,终于翻出了一匹布。望着将要离开的儿子,他感慨地说道:“我的儿啊,你父亲我虽然现在官居荆州刺史,但是我的一生只是靠着自己的俸禄生活,这匹布你且带走,就算是为父我给你准备在路上的盘缠吧。”虽然只是一匹不值钱的布,胡威非但不领情,反而还质问自己的父亲:“人们都说您为官清廉,那么这匹布您又是如何得来的呢?”被自己的儿子这么一问,自己先是愣了一下,后来自豪地笑了起来,并解释道:“我的儿你放心,这匹布是我日常节省下来的,并不是贪污所得,你就放心地当做自己的盘缠吧。”这时胡威才放心地收下。

晋武帝听说胡氏父子廉洁奉公的美传后立即召见胡威,并对他们父子二人的行为大加赞赏,并随口问胡威:“你和你父亲相比谁更加清廉一些呢?”胡威回答道:“当然是我的父亲。”晋武帝随即问起原因,他答道:“我的清廉都愿意被更多的人知道,但是我父亲却不愿意让别人知道,所以说我没有我的父亲清廉。”

后来胡质因为身感重病,最终不治身亡。在他死的时候家里还是一贫如洗,并没有什么名贵的字画和宽大的庭院。后来他被朝廷追为清廉之士,朝廷考虑到胡质一生为官清廉,并没有多余的钱财照顾家中老小,特赐他家人一些土地和银两。后来胡质的儿子也成为像父亲那样清廉的官员,将父亲的精神发扬光大。

在企业当中如果我们的员工能够做到像胡质那样清廉而不张扬,那应该算是清廉自律的最高境界了。而那些打着清廉的幌子而心怀贪念的人是最让别人唾弃的。

在工作当中我们就应该做到清廉自律,进而做到修身、养性、敬业,我们要真正认识贪心的害处,这样才能怀着严于律己的心,通过加强学习、勤学苦练不断丰富自己的知识,才能够更好地净化自己的内心,陶冶自己的情操,提升自己的水平。

【职场感悟】

廉洁自律是我们每个员工的基础准则,加强自己自律的意识,这不仅是对工作的敬业,更是对自己的职业道德、职业操守很好的提升。我们应该在自己的工作当中做到认真负责、廉洁自律,才能在激烈的竞争当中矫

正自己的身姿，即使面对再多的诱惑也会从容不迫、淡然面对，让自己立于不败之地。

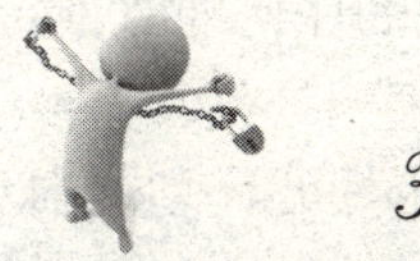

3 用实干精神开启优秀的征程

我们在企业当中能够发挥自己全部的力量，有很多情况下是我们个人的能力和长项正好符合企业的需要，这会让我们深深感受到自己正是企业最需要的人才，我们在工作当中就能够更好地体现自己的人生价值。我们和企业相处起来也会比较和谐、融洽。作为企业的员工，我们想干事、敢干事、能干事、会干事、干成事，这是每个企业对我们每一个员工的期望。同时这也是我们对自己的渴望。

员工想要在工作当中将一件事情做成，就需要有一定的实干精神，而实干精神又也是顺应企业需求的工作态度和职业操守。实干精神将我们每一个员工的梦想和现实之间的距离拉得更近，让我们和企业达到一个双赢的局面，何乐而不为呢？邓小平说过：“世界上所有的事情都是干出来的，不干，连半点马克思主义都没有！”而这句话的核心内容讲的就是“实干”精神，就是要在办事的时候能够实实在在、不折不扣地执行。那么我们怎么才能落实实干精神呢？

第一，实干并不是要我们在工作当中盲目地干事，我们要在工作当中制订最终的目标，从而针对这个最终的目标拟定工作流程，并不折不扣地执行每一个流程，确保准确无误地做好每一个细节，这样才能达到预想的效果，高效完成自己的任务。实干也不是一个简单的词语能够表述清晰的，如果我们在工作当中不知道该干什么，那么就会失去前进的方向，就会像一只无头苍蝇一般胡乱冲撞，这就是蛮干；如果我们对自己的工作不知道如何着手，那么我们也将不能很好地执行工作流程，最终也会遇到很多问题。因此,我们要找好最终的方向、执行的方法,然后积极地调整好自己的积极性,抓住机会,以自己最快的速度取得实实在在的成效,让企业和自己得到更好、更快的发展。

第二,我们要具备实干的精神,在自己的岗位上把工作做实,而不是虚干。将实干精神充分融入自己的工作当中,落实工作中的任何细节,通过完美地执行才能让我们获得显著的成效。如果一个员工不具备实干精神,那么就算自己的想法再好也没有任何意义,没有将一个好的计划落到实处,终将只是纸上谈兵,自己再美好的想法永远也不会实现,这些想法最终也只是空想。只有我们有了建设性的好想法,将这些好的想法落到实处,落实到自己具体的工作当中,通过自己的不懈坚持,才能创造出一定的成果,这样才能走向成功。我们每一个员工都要落实艰苦奋斗、厉行节约的精神,真正把自己有限的经历用在无限的发展上,将自己最强大的力量放在工作的执行当中,正所谓“好钢应该用在刀刃上”,我们要充分发挥自己的潜力,踏踏实实地工作,为自己的企业创造更多的价值。

在工作当中的基层员工都是企业和团队当中非常重要的力量,有着更好的发展空间,同时也肩负着企业的未来,所以我们就更应该不辱使命,出色地完成自己的任务。我们基层的员工要既能在企业这个舞台上尽情地展现自己的能力,也要在这个舞台上充分锻炼自己的能力,让自己得到更好的历练,从而不断增长自己的才华。我们一定要养成实干精神,我们在企业当中还有很大的发展空间,提升起来也会非常容易,做出的成效也会非常明显,这样我们才能让自己的工作和生活感到充实,才不会虚度光阴。

实干精神还体现在务实工作的态度上,只有我们在工作当中真正做到了实干,那么面对复杂混乱的工作时,就不会畏惧困难,从中发挥自己最大的实力。我们在工作当中不能有浮躁的心,要冷静地对待自己的工作,全身心地投入工作当中,只有我们对工作专注、精确地执行,才能把我们的工作做好。我们在工作当中还要做一个诚实的人、做老实的事,要怀着一颗积极进取的心,将自己的工作任务执行地非常扎实,这样就能在工作当中学到更多、更全面的知识,掌握的技能也会变得更加的坚实。在工作当中弄虚作假、溜须拍马、见风使舵的员工和对待自己的工作敷衍了事的员工一般经不起任何的考验。

在工作当中要养成实干精神，这种实干精神也能够帮助我们不断地完善自己的不足，也能够在我们的工作当中起到创新的作用。在工作当中我们会不断地创新、不断地开拓，而真正地投入实践才是实干，才能验证想法的可行性，才能够真正体现自己创新的价值。我们的员工在工作当中也要有创新的精神，而不能够一味地按照前人的经验去干。驴拉磨的道理相信大家都懂得，无论驴子付出了多大的努力，最终只是在原地转圈，不会得到任何进步。我们的员工在工作当中应该不断地创新、不断地进步，我们要时刻保持自己清醒的头脑，脚踏实地地工作，这既是对自己工作的负责，也是对自己的一种提升。

【职场感悟】

工作中我们有时候会想出具有建设性的想法，此刻要按照自己好的工作想法投入实干中。一个具备良好实干精神的员工更容易在工作当中获得成功，因为他们用自己的行动去努力，而不只是动动嘴就算了，这样的员工也更容易成为优秀的员工。

4 强烈的进取心让你脱颖而出

如果员工在工作当中有一颗积极进取的心，是一种难得的美德，也是企业当中一笔难得的财富，积极进取的心在工作当中能促使我们在不被别人要求的情况下自觉主动地投入工作中，更能主动自觉地去做自己该做的事情。但是企业中没有进取精神的员工，不会去主动工作，更不要奢望他们能够做出什么成功的业绩，这些人因为自己在工作当中的懒惰心理，使自己对工作不能够产生高涨的情绪，也就会在自己的职业生涯中一事无成。

在我们的工作当中，无论自己处在一个什么样的职位，都得有成功的顶点，也就是说自己在工作中发挥出自己无限的潜力，获得成功的多少也是没有边际的，而唯一能够给我们划定界限的就是是否有一颗永不满足、积极进取的心，站在自己的岗位上，我们是继续向前进，还是就此停止不前？所以，成功的关键就在于你是否有一颗积极进取的心，是否能够超越自己获得更大的成功，在自己的职业生涯中是否能够更上一层楼。我们怀着一颗永不满足、勇于攀登的心是非常必要的。对于成功的职场人来说，工作没有终点，没有最高峰，只有不断进步，达到更高的目标，这样才能让自己获得更强大的力量，才能更好地证明自己的价值。

自己在岗位中工作，就是企业交给我们的光荣使命，企业相信我们，才会把重要的工作交给我们，我们就不能辜负企业对我们的信任，我们要想尽一切办法做好交给自己的工作，想要做好工作就一定要怀着一颗积极进取的心，精心策划、踏实工作，这不仅对企业负责，也是对自己价值观的一种体现。我们该如何在工作当中不断提升自己的能力呢？

(1)勤学。我们在工作当中就一定要不断学习，人的成长过程也是一个不断学习的过程，“工欲善其事，必先利其器”，我们不要盲目地投入工作当中，要多学习他人的经验知识，将这些知识结合自身的特点，全部运用到自己的工作当中，把别人工作的经验变成自己的经验，这样就会让自己的能力加倍提升，让自己的能力和积极进取的心相结合，就能够更好地执行自己的任务。

(2)多思。我们要在工作的同时学会积极的思考。“学而不思则罔”，我们在不断学习的过程还要多思多想。在工作当中我们通过认真的思考和不断的分析，在执行的时候也会变得更高效，并提高对问题掌控的能力。

(3)积极进取。在工作当中员工怀着一颗积极进取的心是提升自己能力、增加自己工作效益的先决条件。我们在工作当中始终保持一颗积极上进、努力拼搏的心，才可能让自己在工作当中斗志高昂、不断创新，才能提升自身的战斗力。无论自己在何种工作当中，我们都要充满高昂的激情、认真负责的态度，制订自己的工作目标，规划自己的职业生涯，在前进的步伐中扎扎实实地走好每一步。

我们在工作中怀着一颗积极进取的心就要勇于接受各种困难和挑

战。在我们每一个职场人的成长道路上，都不可能一帆风顺，没有任何的阻碍，都会遇到这样或者那样的问题。而面对困难和阻碍的时候，我们要敢于面对、勇于挑战，在困难和挫折的荆棘中不断进取，这将会让我们变得越来越强。纵观历史，凡是那些成大事的人，都是在困难和挫折中披荆斩棘，他们善于在逆境中提升自己的能力，使自己自强不息。“天将降大任于斯人也，必先苦其心志，劳其筋骨，饿其体肤，空乏其身，行拂乱其所为，所以动心忍性，增益其所不能。”如果面对苦难就想要退缩，没有一颗积极进取的心，那么他们终将不会获得成功。

在工作当中，自己越是遇到困难越要振奋精神，只有怀着一颗积极进取的心才能获得战胜一切困难的勇气，永不退缩才能产生解决困难的决心、迎战困难的气魄。把积极进取的心融入到自己的工作当中，才能让自己脱颖而出。

强烈的进取心是我们每一个员工快速提高自己的能力和增加自己职业素养的重要条件，在工作当中有一颗积极进取的心也可以帮助我们不断提升自己的素质和修养。随着社会的不断发展，我们通过自己的积极进取 ，让自己能够脱颖而出，从而在企业当中增加自己的竞争力，激发自己强烈的竞争意识，在面对困难的时候能够从容面对、积极主动地挑战困难，让自己变得更加强大。

【职场感悟】

我们在工作当中，就一定要怀着一颗积极强烈的进取心投入工作当中，让我们能够主动地执行自己的任务，做到真正的自觉、自律、自强，这样才能让自己在工作当中脱颖而出，让企业第一时间发现自己的价值，以获得更多的升迁机会并证明自己的能力。

5

诚信是优秀的奠基石

一个员工在工作当中最重要的就是要做到讲诚信，如果能够对自己的工作和同事做到坦诚相待，那么他也会受到别人的尊重和信赖。所以说，诚信是树立自己优秀形象的奠基石。在我们的工作当中，我们对别人讲诚信也非常容易得到别人的帮助，使得自己的工作效率提升，而同事也都喜欢和讲诚信的员工合作。一个讲诚信的员工对任何事情都能够做到全力以赴、认真执行，在自己诚信待人的同时获得别人的爱戴，从而让自己的人际关系范围越来越宽广。一个讲诚信的人能够在自己的职业生涯中获得成功。

而员工在工作当中的诚信度也折射出自己在企业当中的竞争能力。一个诚实守信的员工在人才的竞争中常常会立于不败之地，我们将诚信作为自己的一种本质，作为自己人生的一个标签，这将会成为自己在成功道路上的巨大基石，让我们获得更多的资源。

诚信是我们优秀的奠基石，它能为我们增加自己的职业道德，并在工作当中获得更多的帮助，只有讲诚信的员工才能在自己的职业生涯中打下坚实的基础。诚信也是我们在工作当中的必要条件，无论自己在什么情况下都不能改变讲诚信的本质。我们对企业诚实守信，就一定会获得企业的重用；我们对员工诚实守信，就定会受到员工的尊重。

但是在企业当中会有一部分的员工这样认为：自己对待工作和承诺别人的事只要尽力就好了，至于最终的结果有没有达到初期预想的效果也并不是那么重要了，而结果的好坏自己也不会在意太多。其实这种想法是非常错误的，我们如果答应别人的事没有兑现，那将会在别人的心中大打折扣，虽然可能并没有造成严重的实质性后果，但是别人也会对你失望，降低你的威信。维持一个良好、和谐的关系很难，有时候可能是一辈子的长度，但是毁掉两个人的友谊却很短，有时候可能就是一句话的时

间。所以,我们在工作和生活当中都要诚实守信,将诚信体现在每一件工作的细节上,也要体现在对别人的每一个承诺上。

我们每天的工作都是通过很多细小的事件组成,这些细小的工作常常又是引起问题的关键,我们在工作当中要把每一件细小的事情都做到尽善尽美,这样才能够把一整天的工作做得完美,我们对待工作也就是体现在面对这些小事上,我们做好工作当中的每一件小事就是对企业做好的承诺,在自己的岗位上尽职尽责,确保自己工作的高效执行,这也是对企业的一种诚信。我们在工作当中做好每一件小事也能良好地体现自己的水平,才更容易受到企业的重用,对任何公司来说,如果员工在工作当中不能很好地做到诚实守信,那么这样的员工会在企业当中失去雇佣的价值,注定会被辞退。

员工在工作当中必须要诚信,从诚实守信当中体现自己良好的职业道德。我们对公司要讲诚信,对待自己的同事和朋友也要诚实守信,这是我们为人处世的基本原则。诚实守信能够让我们变得更加优秀,也能让我们成长得更快、更健康,诚实守信也能让我们获得许多的朋友。在成功的道路上诚信是最大、最坚实的奠基石。

【职场感悟】

诚信对我们每一个员工来说都是必不可少的重要因素,我们想要变得优秀就必须要对别人诚信,这样才能获得大家的鼎力相助;我们想要成功也要做到诚实守信,这样别人才能和你合作,才能促使你走向成功。所以,我们应该充分利用好这块基石为我们的成功铺好宽广的道路。

第六章　塑造形象:职场也是秀场,形象决定未来

职场是我们尽情展现自己的舞台,我们想要在这个舞台上表演出优秀的节目首先要让自己具备一个良好的形象。从为人处世到穿衣打扮,我们时刻注意自己的形象,才会让别人愿意与你相处,而一个具备良好形象的人同样也会受到大家的欢迎。

1

每一个员工都是企业的形象代言人

在企业当中，我们的每一位员工都代表着自己的企业，员工的形象就是企业的形象。所以，我们应该对自己的形象严格要求，时刻要维持好自己的形象。我们在客户面前就更要维持好自己的良好形象，随时注意自己的言谈举止、做事风格，这不仅仅关系到个人的素质和修养，同样还可以让客户通过自己的行为举止而看到企业的缩影，因为我们是企业的代表，我们就代表着企业的形象。我们与客户沟通，体现企业的形象，这些都会影响到客户对企业的评价和信心。

当我们在和客户沟通过后，如果客户对我们的形象给予了充分的肯定，那么也就意味着这个客户对我们的企业也是非常满意的。这充分说明了一个观点，那就是员工的形象就代表着企业的形象，只有我们的员工被别人肯定了，企业才有可能被肯定，从而建立合作的关系，我们的企业才能够顺利地发展下去，用最优质的工作给客户最满意的答复。

2010 年春节刚刚结束，大家还沉浸在欢乐的海洋当中，但是张彬却早早地来到了公司，目的就是为了这次和国外企业的合作考察做好充足的准备。

2010 年 9 月，公司得知有一个外商来北京要订购一批材料，而且通过公司的调查发现这名外商要考察好几家公司，准备从中挑选出一家最好的公司与之合作。但是值得庆幸的是张彬所在的公司是这名外商第一个要考察的公司。面对这个重要的客户，公司领导决定让张彬全权负责对外商的接待任务。于是张彬就在这段时间内对外商作更加详细的了解。

终于外商决定在春节后飞到北京开始对各个公司进行考察。张彬这天早早地来到了机场等候，由于张彬对这位外商有了详细的了解，第一眼便认出了刚下飞机的外商。外商仔细端详自己面前这位衣着得体、落落大方、端庄秀美的张彬时，张彬已经将抱着的鲜花献给了外商。外商非常的高兴。张彬还非常热情地帮助外商拉行李，并用英语笑盈盈地和外商交谈。由于外面的天气非常寒冷，外商显然不是非常适应北京的天气，张彬便从自己的包里拿出围巾递给外商，外商见到这种情况便非常高兴地用中文向她说了一句："谢谢！"

当外商上了张彬准备的车时惊讶地发现，车的内外竟然一尘不染，而且还散发着淡淡的香味，车内非常温暖。原来在飞机刚刚进机场的时候张彬就特意打开了暖风，就是怕外商受不了寒冷而精心准备的。当外商还处在惊讶的状态时张彬递过一杯温暖的红茶，又问道："您晕车吗？"外商说道："我不晕车。"张彬又非常礼貌的说道："您要是晕车我就开慢点，您要是不晕我就开快点，这样您就能早点到达酒店休息了。"说完张彬又在车里放出了外商非常喜欢的音乐，外商被这种场面震惊了。

张彬把外商拉到预订的宾馆，并一直将客人送到了他的房间，然后微笑着说道："你先暂时在这里休息一下，晚上我们的总经理会亲自来为您接风洗尘，您要是没什么别的要求我就先不打扰您了。"确定外商没有什么别的问题后她便轻轻关上门离去了。

当天晚上，外商见了公司的总经理非常高兴，当场宣布要和张彬所在的公司签下三百万美元的合同，总经理当时不敢相信自己的耳朵，不解地问："您不是来公司考察的吗，怎么还没有考察就和我们签合同呢？"外商笑道："我已经考察完了，我非常满意！"

后来总经理才知道其中的原因，对张彬大加称赞，并提升张彬为部门的主管，有什么重要的客户都交给张彬全权负责。

张彬良好的形象为公司赢得了很重要的合同，外商对张彬完美的接待非常满意，觉得从张彬的身上看到了公司的缩影，外商会认为这家公司也是一家非常优秀的公司，公司里的每一位员工都这么优秀，公司的产品质量一定过关，和这样的公司进行合作还有什么不放心的呢？

在客户面前，我们的言谈举止，甚至每一个细微的动作都代表着自己企业的行为，我们的着装同时也代表着企业的形象，有时候可能是因为自己不经意间一个细微的表情，都有可能让别人改变对你和企业的态度，就可导致结果的走向。一定要记住，我们代表的不只是我们自己，而是自己的企业。我们应该有做企业代言人的责任感，我们要不断地提醒自己——我的形象就代表企业的形象！

【职场感悟】

在企业当中，我们每一个员工都是我们公司的形象大使，我们要随时注意自己的形象，因为在别人眼里我们就代表着整个公司，我们有一个很好的形象就等于给公司增加光彩，而在这同时也是为自己积攒更多的力量。

2

良好的形象让你登上更大的舞台

在职场当中，任何一个员工都有自己的形象。有的员工在某些方面比较优秀，有的比较平凡，还有一些默默无闻，这些多属于员工的形象，而这些形象仿佛又成了他们行为的定式。通常员工的衣着打扮和为人处世的方法也就逐渐形成了自己的形象。

一个良好的员工形象能让自己在企业这个大舞台上展现出自己更好的竞争能力，让我们在工作当中受益无穷。而有着平庸或者恶劣形象的员工就像是这个舞台上一个非常不敬业的演员，不仅不能演好自己的角色，反而会影响到其他人。这样的员工在工作当中举步维艰，企业也终将不会给这样的员工一个舞台任由其发挥。

公司的年会上,总经理徐亚光心情大好,因为在全体员工的共同努力下,公司的效益比去年增长了15%,这实在是个可喜的成绩。

徐亚光为了表示对员工们的感谢,频频和人碰杯,这样几桌敬下来,人稍微有些发晕了,脚下有些站不稳。幸好,这时有个小伙子在一旁搀住了他。

徐亚光平时很少在公司露面,所以小伙子并不知道他是总经理,关心地说:"先生,我看您有些醉了,我带您去旁边休息一下吧。"

小伙子拿来冰柠檬汁给他喝了两口,徐亚光顿时感觉舒服多了。他打量着旁边的小伙子,个子高高瘦瘦的,穿一套合身的黑色西装,头发、胡子都打理得很干净,整个人看上去很精神,还文质彬彬的。

徐亚光和他闲聊起来,聊到了公司的一些日常经营活动,言谈中徐亚光觉得这个小伙子很有想法,甚至有一些新奇和独到的见解。

徐亚光随口问:"我觉得你对公司业务很熟悉,很多想法相当不错,在哪个部门当主管呢?"

小伙子连连摆手,说:"哪里啊,我只是个普通员工,到公司才一年的时间,还算是个新人。我刚才那都是随便说的,要学的东西还多着呢。"

徐亚光笑着说:"年轻人,你很有潜力,我相信你会有很好的发展的。今天谢谢你了,和你聊天我觉得很愉快。"

小伙子觉得有些摸不着头脑,直到两个月后他被晋升为客户部主管,他才知道,原来那天跟他聊天的人是总经理啊!

那天回去以后,徐亚光觉得对小伙子的印象很好,就好奇地向各个部门主管调查了一下他的情况。徐亚光了解到,他在客户部,业绩一直名列前茅,多次被公司评为优秀员工。徐亚光点点头,认为这是个好苗子可以培养,正好遇到原来的客户部主管要离职,就"钦点"他为部门主管了。

上面的那位员工无疑是幸运的，因为与总经理意外的“一面之缘”，就得到了令人艳羡的晋升。可是我们再想想，如果他当时外观上不修边幅，言语随意、粗俗、毫无见解，那么总经理肯定不会对他留下好印象，这次晋升的好机会也会从身边溜走了。这再次印证了一句话：“机会往往只会留给那些有准备的人。”而想要得到晋升的机会，准备的第一步，就是打理好你的个人形象。

个人形象，主要包括两方面：一是发型、衣着等外在的装饰；另一方面还包括仪容、仪表、仪态等自身的气质形态。优秀员工的形象，也就是我们强调的“职业形象”，顾名思义，形象跟职业需要紧密贴合。不一定要讲究多么光鲜亮丽，最主要是和职业、地位相符合，体现出专业化，让人觉得舒服、可靠。

所以，员工在塑造自身良好的职业形象之前，不妨先了解所属行业和企业的文化、风格，另外把握好办公室的人文色彩，尽量能融入团队，和公司的风格相匹配。言谈举止方面要大方、稳重、得体，透露出很专业的文化素养，注重基本的礼貌和热情，让人觉得和蔼可亲，易于接近。在穿衣打扮上，不要花哨、另类，注重衣服的质感，尺码一定要适合，衣服保持整洁干净。衣服不要选择太跳的颜色，要注重端庄和现代感并存。

另外，在职场上，成熟、自制力强的员工一般更受到老板的青睐，所以员工要尽量提升自控能力，不要在公众面前流露出脸红、哭泣、紧张、恐惧这样的表现，那只会让你看上去脆弱，不能应付大场面和受不起挫折。所以，言谈中尽量施展你的智慧和勇气，会提升你的职场人气，大家都更喜欢那些值得信赖和可靠的伙伴。

【职场感悟】

职场上，员工的形象将可能很大程度上影响着他的职业发展，好的形象会助他登上更大的舞台，而一个差的形象则只会拖他的后腿，让他很难得到赏识、有所作为。想要在职场上有所作为，不光要拿能力说话，也要多注意自身形象的设计。像求职、会议、商务谈判等场合，你第一时间呈现给别人的不是你的能力，而是你的形象。

3

优秀员工更会穿衣打扮

现代职场竞争如此激烈,为了得到一份高薪的工作,大多数人在面试的行头上狠下工夫,不惜一掷千金。可能你要说“真金不怕火炼”,企业选的是人才,人才有能力就行了,为什么要那么在乎穿衣打扮?

这种想法就大错特错了,“人靠衣装马靠鞍”的老话不是没有道理。打个比方说,和你竞争同个岗位的有200人,他们当中也不乏和你一样的人才,那么领导该怎么取舍?既然内涵一样,当然只有从表象入手,选择那个形象上更亮眼的。

所以,想要成为职场上的优秀员工,就不能不对自己的形象多加关注,否则因为穿衣打扮上的失误,而白白错失了大好的发展机会,那就太冤枉了。

早上,广告部经理王轩接到一位上海大客户的电话,说是想来公司面谈,协商一下合作项目的相关事宜。

王轩热情地说:“好的,没问题,欢迎来本公司,正好了解一下我们的规模和实力。您准备什么时候过来?”

谁知,对方却告诉他,由于时间紧张,没来得及提前通知,感到非常抱歉,自己已经在飞机上了,再过两个小时就到。

王轩放下电话,就急着派人去接机。派谁去呢?王轩不假思索地选了广告策划陈小凡,因为这次的整个策划方案都是她在跟进,她的能力突出,做事认真负责,一直都是王轩的得力助手。

可是把她叫到办公室以后,王轩不禁皱了皱眉头——爆炸式的头发,宽松的白色涂鸦T恤,牛仔裤上还有几个明显的破洞。王轩心想:“这打扮也太随意了,平时看觉得年轻人穿着上轻松一点没什么,但这次是见上海那边的大客户。上海人本来在穿衣打扮上就讲究，这次派小凡去接机，就是代表着公司的形象。这种打扮，会不会让对方觉得反感，觉得我们不专业呢?”

想到这里，王轩找了个借口，让小凡出去了，接着让田思进来。田思是个苏州女孩儿，个子比较娇小，平时都化点不夸张的淡妆，恰到好处。今天她穿了一件水蓝色的小洋装，乌黑的头发盘在脑后，整个人看上去很清爽、淡雅，既有职业女性的干练，又不乏年轻女孩的活泼。

王轩对她的打扮很满意，再看看表，让她赶紧打的到机场去迎接上海来的客户。

田思在机场等待的时候心里还有点担心，怕自己应付不了这种场面。没想到那位中年女客户对她非常有眼缘，在路上两个人不光聊到双方公司合作的问题，那位客户还一直问她衣服是在哪里买的，化妆和盘发是不是自己做的，弄得田思反而不好意思了。不过这样一来，整个接机的过程显得非常轻松愉快，甚至最后两个人还成了朋友。

客户见到王轩以后，还一直对田思赞不绝口：“这个小姑娘素质很不错，热情、细致，我从第一眼见到她就很喜欢，她穿衣服很有品位。我相信员工的品位也能反映一个公司的眼光和品位，非常期待和贵公司的继续合作。”

“员工的品位能反映一个公司的眼光和品位”，客户的这种说法难免显得有些主观，但是不置可否的是，职场上大多数人持有这种主观的想法，越是高端客户，越是高层主管，越是如此。

一家著名通讯公司的老总说：“我当然不会单单凭一个员工的穿着打扮去判定他的前途，或者决定要不要提拔和重要他。但是我会把它记在心里，作为员工潜力的一种附加值。平时我可能不太会参考这个因素，但是当某个好职位出现空缺，如果要在两个技术相当的员工当中作出选择，我绝不会选那个穿着随意和邋遢的人，因为他代表不了那个职位的形象。”

照这位老总的话说，当我们在职场上的职位和成就越来越高，穿衣打扮对我们的前途影响也就越来越大。想想其实也很容易理解，随着事业的发展，我们的社交面也会相应扩大，这时候我们的穿着打扮就成了个人的门面,甚至代表着公司的门面。如果你不懂得区分场合,穿衣打扮随意、没有品位,在很多时候就会给个人乃至公司的形象大打折扣。

注重穿衣打扮,并不是一定要追求奢华和名牌,毕竟职场不是光鲜的T台,风格上还是以干净、清爽、稳重干练为主。

有人说:"如果一个人连自己的外表都不在意了,那我们还能指望他在意什么?"很多公司的领导甚至也会有这样的观念:"如果员工连自己都不能照顾、打理得很好,他哪里还有多余的精力去胜任工作?一个平时邋里邋遢、不修边幅的员工,在工作中肯定也是马虎大意、错误百出的。"

有位外国作家甚至专门研究了穿衣打扮和职业发展的关系。在写书之前,他整整花了三个月的时间,分别打电话给一百多位职业经理人,请他们拍下公司所有员工的照片。

随后,这位作家依据照片上员工的穿着打扮,将他们分为三类:着装上非常有品位、花心思的人;穿着基本大方得体的人;另外就是那些穿着非常糟糕的人。同时,作家请经理人们依据员工们平时的工作表现,将他们也分为三类:成功或者非常有潜力的员工;稳重踏实,不突出但是仍然有发展机会的员工;还有就是那些对工作敷衍、懈怠,随时等待被炒鱿鱼的员工。

这好像是一场竞猜游戏,结果显示:穿着打扮上优秀的员工的成功几率是那些穿着一般的员工的2倍,而跟那些穿着打扮糟糕的员工相比则更为夸张,成功几率是他们的4倍。

也许你不会相信,很多职场员工因为穿着打扮上的不修边幅,而导致事业上频频受挫,这简直是一场"蝴蝶效应"。我们要更好地融入当代职场,在穿着打扮上就不能"不拘小节",特别是当我们成为企业的优秀员工时,更要在穿着打扮上下工夫。因为它是我们示人的第一张"名片",一个美好的第一印象带来的意义远比我们想象得大。反之,一个糟糕的第一印象,则可能让我们的职场道路平添很多不必要的障碍。

【职场感悟】

人都是视觉动物,往往我们会从一个员工的穿衣打扮风格、品位上,推断出他的个性、素质和修养。所以,想要成为企业里的优秀员工,就要让自己的穿着品位跟上自己的能力、素质提高的步伐。给自己的形象投资，也是在给自己的职业发展投资。

4

幽默让你成为职场最优秀的那一位

职场上，我们都更愿意和那些幽默、和善的人相处，他们身上似乎有一种有魅力的气场，让人忍不住想要靠近。幽默在无形之中能够帮员工建立和谐的人际关系，增进自己和他人之间的了解，拉近彼此的情感距离。

幽默感，往往让人联想到“智慧”和“风度”两个词，懂得幽默、谈笑风生的员工，往往给人留下风度翩翩、智慧不凡的印象。

新年快到了，在公司会议上，每个员工都领到一张《当年工作情况表》。员工们在表上可以随心所欲地发表观点和提意见，无论是对公司、领导、同事有什么想法，都可以大胆地写出来，公司领导看到了一定会尽量满足大家的要求和愿望。

这是公司的老传统了，这个提议最初是为了加强公司的民主建设，领导希望通过这种方式来和员工们打开一扇“天窗”，以增进感情上的沟通交流。

出发点是好的，可是事实却不那么理想。该制度执行以来，员工们全都把这个情况表当成了“埋怨表”，纷纷把一年来工作中所有的不满都一股脑儿说了个痛快。看着这些批评和意见像雪花一样飞过来，领导们只觉得头大，越看越生气，到最后忍不住对那些言辞最激烈的员工进行了象征性的惩罚。

这以后，员工们和公司的对立关系就更紧张了。员工们委屈：“明明是公司让我们提意见，我们说了实话吧，还要受惩罚，这算哪门子的民主？”其实公司领导心里也不舒服：“我们很想跟员工进行民主沟通，可是他们的态度明显就抵触，对公司全剩下

不满了,我们这些领导也太难当了。”

从此,员工们很有默契地在情况表上再也不署名了,大家都把这当成了一个走形式的过场,如果为此被惩罚,不是太傻了吗?

这天早上,公司总经理在看收上来的员工们的情况表时,仍然是一阵阵的皱眉,因为不外乎都是一些很直接、让人难以接受的批评意见,比如“物价天天涨,只有工资三年不涨”、“加班没谱,不尊重员工人权”,等等。

突然,他看到了一份有新意的情况表,上面是这么写的:“今年对我来说,有进有退,有增有减,大抵平衡,分析如下:在智慧和失眠症上因为常常思考有所进步,记忆力由于所记琐事太多有所退步;收入和支出大抵平衡,这在我太太的脸上可以反映出来;我的腰围和胆固醇有大幅增加,头发和幽默感持续稳定地减少。备注:如果今年的字体有所放大,那么证明我的好视力也在离我而去。”

这则幽默的意见引起了经理的兴趣,他在全公司查这位有意思的员工到底是谁。员工们在私底下议论:要是查出来,这个倒霉鬼又要被扣奖金了。

结果却大大出乎大家的意料,经理非常赏识这名员工,认为他是个有才华和创造力的人,也许可以为公司带来意想不到的效益。查出来以后,经理不但升了他的职,还给全体员工小幅增长了薪资,并大大降低了加班的频率。

整个公司上下一片喜气洋洋,在这个愉快的新春,他们都在心里感谢这位幽默的同事,要不是他婉转巧妙的“进谏”,经理怎么可能一下子接受意见呢?

上面的例子告诉我们,职场上很多时候是没有办法直来直去的,因为碍于身份和层级关系,如果意见太明显,不但不会被上级采纳,还很可能给自己惹麻烦,将问题越弄越糟。

这时候,想巧妙地提意见,幽默不失为最合理有效的手段和方法。没有人会拒绝幽默,当你用这种方式婉转地表达出自己的想法时,不但不会惹领导生气,反而会让每个人都被你的幽默和才智所吸引,而你理所当然地成为职场上那个最受大家喜爱的优秀员工。

你也想成为团队里被关注和喜爱的优秀员工吗,你也想打造自己光鲜的职场形象吗？那么,不妨从提升自己的幽默感开始。我们要怎样学到和运用这种智慧呢?

首先,明白幽默的真正含义。幽默是一种自然、善意和婉转的表达方式,它既不是冷嘲热讽,又不是做作的油腔滑调。职场幽默的最大意义就是用一种含蓄巧妙的方式化解尴尬,指出优缺点,让大家在微笑中处理可能存在的矛盾和冲突。懂得用幽默处理问题的员工,一般会给人留下和善、好说话、好相处的印象。

然后,看书、学习,增长自己的知识和阅历。幽默是智慧的表现,如果一个员工知识面很窄,那么他只能讲些肤浅的笑话,而不能称之为幽默。真正会幽默的优秀员工,都是有广博知识的人,他们言谈间信息丰富,显得妙趣横生,所以大家都喜欢跟他们待在一起,永远都不会感到乏味,而是活力四射。

最后,要强调的一点是,幽默一定要注意场合,分清楚听众,不能不顾场合毫无顾忌地开玩笑,这样反而会给人留下粗俗和不够稳重的印象。深得幽默这种智慧真传的员工,通常都是心思缜密的人,给人留下细致、体贴、周到的好印象。他们在开玩笑时会顾及所有人的感受,避免伤害到他人的尊严,如果因为无意的玩笑而冒犯了别人,实在是得不偿失。正如西方的哲学家说:“幽默逗人开心,而不刺伤人心。”

幽默感一部分来自天生,但大部分是靠后天培养的。幽默是一门学问,甚至有人说“幽默是一种最高层次的智慧”,可见幽默的力量。

一场晚会上,有位著名的女主持人在上台时不小心摔倒了,观众们哄堂大笑,场面非常尴尬。这时,女主持人没有慌张,而是慢慢地站起来,拍拍礼服,微笑着说:“我都被大家的热情绊倒了。”正是这一句巧妙的回应,现场立刻响起了热烈的掌声,观众们都被她的机智和幽默打动了。

任何场合和氛围中,人们都倾向于喜欢那些幽默风趣的人,因为他们能缓解紧张和躁动的情绪,让大家都能保持平和的心态,轻松地面对麻烦和问题。在一个团队里,尤其是初来乍到的新同事之间,幽默能让人大放异彩,给人留下深刻的印象。

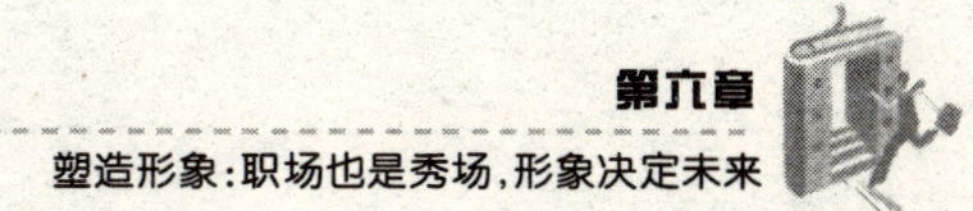

【职场感悟】

幽默，是一种轻松应付问题的态度，是一种巧妙的职场生存技巧，更是优秀员工给自己建设形象工程的必备武器。懂得幽默的人更有亲和力，更能博得好感和信任。同时，对于职场上那些难以明说的问题，不妨试着用幽默的方式去解决，可能会达到出其不意的良好效果。

第七章　把握机遇:优秀需要才华的支持,更需要机遇的推动

每一个在职场上拼搏的人,都要善于抓住机遇——上天从来都不会偏袒任何一个人,而机遇只会垂青有准备的人。所以我们要时刻努力地学习、工作,用充足的准备去面对机遇,用机遇磨炼我们自身的能力,让自己变得更加优秀。同样的,我们还要学会为自己创造机遇。优秀员工不仅需要才华的支持,更需要机遇的推动。

1

机会总是垂青有准备的人

时光匆匆，弹指一挥间，我们已经结束了长达十多年的学习生涯。当我们走出学校的大门，为了担起生活的重担而走向职场时，也就意味着，我们的成长步入一个新的阶段。

我们在工作的过程中，都想成为优秀的员工，所以我们会积极努力地进行工作。然而当我们羡慕那些优秀员工取得成功之时，却又在不停地抱怨上天对自己的不公，抱怨上天没有将机遇降临在自己的身上。其实，上天不会偏袒每一个人，机遇却只会垂青有准备的人。所以，想要成为优秀员工，就要学会用充足的准备去面临机遇。

机遇总是垂青有准备的人，这句话无论是在学校还是在职场中，都是听到最多的话。但是怎么才能实现用准备去迎接机遇的到来呢？这就需要我们不断地努力学习、工作。让我们时刻有面对机遇的意识。优秀员工都是能够做到积极学习、努力工作，进而让自己拥有时刻面对机遇的状态。拥有了时刻面对机遇的状态，那么机遇到来时，就能够好好地把握住，用机遇来磨炼自己的能力，让自己变得更加优秀，让自己成为企业中不可或缺的员工。

机遇总是垂青有准备的人，这是优秀员工的心得和体验。我们在工作中，总是会出现不如意或者不愿意的情况，面对这种情况，我们要做到积极勇敢地去面对。因为机遇很有可能就隐藏在那里。优秀员工总是懂得用积极勇敢的心态去面对这些困难，积极发挥自己的能力去解决这些困难，在完成任务的同时，自身的能力得到了磨炼。而这种磨练就是一种机遇。通过这种磨炼，优秀员工能够更加将机遇牢牢把握。而那些只知

道抱怨上天偏袒他人，没有将机遇带给自己的员工，是不知道如何去用行动将机遇把握住，因为他们根本就不清楚时刻准备抓住机遇。

机遇总是垂青有准备的人，这是我们在工作时应该具备的最基本的工作态度。因为我们拥有了这样的态度，在工作中我们就更能积极努力地发挥自己的能力进行工作。当我们积极发挥自己的能力进行工作时，我们自身的能力就会进一步得到提升，进而能够更好地发现机遇并抓住机遇，用机遇磨炼我们自己，让我们变得更加优秀。同样的，当我们在积极努力进行工作时，也就意味着我们将更能够做好充足的准备面对机遇。所以，我们要想成为优秀的员工，就要积极努力地进行工作。

机遇总是垂青有准备的人。那么我们应该怎么做，才能做到用充足的准备去迎接机遇的到来？其实，优秀员工的经验已经为我们指明了方法。

(1)不断学习。学习是陪伴我们一生的朋友，学习不仅仅在上学期间，更是存在于职场中。我们要拥有不断学习的思想，通过不断学习，让我们掌握更多的知识，让我们变得更加完善，进而让我们能够更好地用充足的准备去迎接机遇。优秀员工都是能够不断学习的员工，而安于现状、不思进取的员工则永远无法成为优秀员工。

(2)努力工作。努力工作是我们成为优秀员工一项必不可少的能力和态度。员工通过努力工作，能够让自己的工作能力变得更加完善，能够更好地用充足的准备去面对机遇，进而将机遇牢牢把握，磨炼自己的能力，让自己变得更加优秀。优秀的员工，都是能够做到努力工作的员工。而终日懒散的员工，是难以成为优秀员工的。

(3)勇敢面对。机遇就隐藏在困难和失败的背后。我们在工作时，难免会遇到不如意的事情，这就需要我们用勇敢的心态去面对，在困难和失败面前不低头。当我们解决了一个困扰的问题后，我们会发现自己的能力得到了提升，当我们勇敢地从失败中站起来时，我们会发现自己的能力得到了提升。这些提升就是你得到的“筹码”。失败和困难往往就是你的第二机遇。

【职场感悟】

机遇总是垂青有准备的人，尽管它的到来是无法预见的，但是只要我

们做好了充足的准备，就能够抓住这个难得的机遇，用这个难得的机遇磨炼我们自身的能力。优秀员工的经验告诉我们：想要成为优秀员工，就要学会用充足的准备去面对机遇。只要我们拥有充足的准备，我们就能够更好地抓住机遇。

2.

优秀员工都善于自己创造机会

当我们为了生活而步入职场工作时，总是会为一些事情而抱怨。在职场生活中，我们时常可以听见有些人抱怨上苍没有照顾他，让他生长在一个优越的家庭，抱怨父母没有给他创造好条件，抱怨社会没有给他发展的机会。在感慨自己生不逢时的同时，又羡慕那些生来“优越”的人士。然而，世界上却有许多出身贫寒却出人头地的人。

许多员工都知道机会是成功的跳板，因此朝思暮盼机会能够来到自己的身边。但是那些真正优秀的员工是不会去等待机会的垂青，他们会为自己创造出机会，用自己创造出的机会为自己取得成功。

那些在企业中不可或缺的员工既不是家庭优越靠“走后门”进入的员工，也不是生来就是天才的员工，他们之所以能够成为优秀的员工，是因为他们善于为自己创造机会，用自己创造的机会锻炼出自己的能力，让自己成为优秀的员工。

在职场上，许多员工都会抱怨企业不够完善，上司不够优秀，自己得不到机会，从而将一切责任全部归咎于外界因素。在这些员工看来，机会是上天定的，那些优秀的员工只是运气好，得到机会的“照顾”才成功的。但是那些优秀的员工却知道机会不仅是上天赋予的，还需要自己去创造。所以他们会自己创造机会，让自己获得成功，成为企业的优秀员工。

南京市的一家公司内部，经常可以看见许多员工在拼命地工作,而却有一些员工则一边抱怨一边散漫地工作,这是两种截然不同的局面。

“咣当”一声,一名员工扔下了手中的工具,坐在地上说道:“终于完成了,真不容易啊。”也许是链条反应,在旁边工作的员工也放下了手中的工具,坐在了旁边。

“真不知道,为什么我们这么辛辛苦苦地努力工作,却还及不上一个刚来的新人?为什么他能够被评为优秀员工,获得较高的工资,咱们却连提升工资的时候都没有?”这时,之前那位扔下手中工具的员工一边点起了一支烟一边抱怨道。

“没办法,谁叫人命比咱们好啊,你看看他刚来,公司又是进新机器,又是调整生产流水线,什么好事都让他赶上了。”坐在旁边的员工说道。

这时,两人看到了那些正在拼命工作的员工,之前那人说道:“别这么卖力气了,反正得不到评上优秀员工的机会。”然而那些人却仍旧在拼命地工作,对他的话丝毫没有理会。

为什么那些员工还能够如此积极努力地工作?因为他们听到过这样一句话:“机会掌握在自己的手中。”

那位员工口中的员工叫郝大卫,是位刚刚毕业没有多久的新员工,然而在工作时的优越表现,却让他获得了优秀员工的光荣称号。这个对工作没有丝毫经验的新人能够成为优秀员工,许多员工都表示不解,甚至抱怨。

还有一些员工注意到了这位新人与他人的不同之处,那就是他的机遇未免也太好了,几乎每一次机遇都让他赶上了。为了解决这个问题,那些员工找到了郝大卫,向他询问如何才能得到机遇的青睐。郝大卫听后,只是向这些人着说道:“自己去创造机遇,机遇是掌握在自己手中的。”

那些员工听到这个答案后,明显愣了一下。机遇不是上天给的吗?自己怎么可能创造出机遇?看到那些人的反应,郝大卫作出了解释。

“机遇不仅是上天赋予的,更需要我们自己去创造。我们在工作时,要做到不断进取,要敢于面对困难和挑战,要积极努力地工作。因为机会总是和挑战在一起的，有挑战就会有机遇，所以我们要有不怕困难的勇气，敢于向困难发出挑战，清楚困难也是一种磨炼自身的机遇。我之所以能够成为优秀员工，就是因为我做到了自己去制造困难，在制造困难的同时，既磨炼了自身的能力，又得到了机遇。”

面对着员工还是一头雾水的表情，郝大卫用了一个很好的例子进行了解释：

“甲骨文公司的李绍唐，自小家境贫寒、父亲早逝。面对这样的情况，他心中暗暗下定决心，要成就一番大事业。他通过不懈的努力，大学毕业后进入 IBM 公司工作。这已经算是很高的成就了，然而李绍唐并没有满足，而是要求自己要有更好的突破。每隔一段时间，他都会去敲一次老板的门，询问老板自己哪里做得不够好。正是这种主动，李绍唐才有了让自己不断提高的机会，最终得到领导的重视并被提拔。”

郝大卫笑了笑，又说：“所以，我们要想取得成功，得到领导的重视，就要学会为自己创造机会。只有会为自己创造机会的员工，才是优秀的员工。”

这时，那些员工才终于明白了郝大卫的话，他在工作时，总是会积极努力地为自己创造机会，让自己得到更好的磨炼。所以，这家公司才会形成上面的工作状况。

为什么郝大卫能够得到领导的重视，被评为优秀员工？原因很简单，因为他知道并且做到了用自己的双手去创造机会，让自己创造出来的机会将自己磨炼得更加完善，让自己创造出来的机会成为自己成功的踏板，所以他能够成为优秀的员工。而那些只知道抱怨他能够得到“上天”眷顾的员工，则永远无法成为优秀的员工。

所以，员工要想成为企业中的优秀员工，就要拥有自己创造机遇的工作态度，让“要我做”变为“我要做”，凡事多主动一点，获得的机遇也就会更多一点，离成功也就更进一步。

【职场感悟】

机遇是我们成功的动力源泉，能否抓住机遇是职场员工能否成为优

秀员工的主要表现。职场员工在对待机遇的问题上,要清楚机遇不仅是上天赋予的,还是需要自己创造的。我们不能只祈求上天赠与我们机遇,更要用自己的双手去创造机遇。优秀不仅需要才华的支持,更需要机遇的推动。

3

机会从来都属于永不放弃的人

社会不同于学校,在职场上,我们经常会遇到各种各样的困难。面对困难,有些员工会出现失落、丧气的情况,从而不愿意再进行这项工作或者干脆放弃这项工作。然而优秀的员工则会积极面对困难,用永不放弃的精神向困难发出挑战并解决。因为他们知道,机会属于永不放弃的人。

机会从来都属于永不放弃的人,员工要想让自己变得优秀,成为企业中不可或缺的优秀员工,就要有永不放弃的精神,敢于面对一切的困难和挑战。因为,困难和挑战往往也就象征机遇的到来。做到永不放弃、敢于面对困难和挑战,从另一方面讲,就是在为自己创造机遇。

机会从来都属于永不放弃的人。优秀的员工之所以优秀,并不是他们的知识比别人多丰富,也并不是他们的经验比别人多丰富,而是他们懂得永不放弃。永不放弃是一种工作态度,更是一种思想觉悟。能否做到永不放弃是员工成为优秀员工的一项重要考核。因为,永不放弃的人总是能够抓住机遇,而一直选择放弃的人,则永远只会乞求机遇。

杭州市的某个公司内,一名员工正在不停地进行着工作。只见他一会儿东翻翻,一会儿西找找,然后将自己手中的东西拿起来仔细观看,他点了点头,跑到了领导办公室。

“领导,零件完成了。”这位员工一边擦着汗,一边笑着说道。

领导接过零件,仔细地看了看,然后断然说:“还是不成,这个零件还是无法用上。”

员工接过零件，问：“那是哪里出现问题了呢？”

“太小了。”领导说，“这个零件太小了，根本无法固定。”

员工听完后，点了点头，然后继续跑到工作岗位上继续工作。直到天黑，员工们都陆陆续续地下班回家后，那位员工才长出一口气，将刚刚做完的零件跑去拿给领导看。

领导接过零件后，仔细看了看，又对着一样东西进行比对，然后摇了摇头，叹息着说：“太大了。这个超出了固定的范围。”

员工接过零件，回到家后，将两枚零件拿出来进行对比，心想“既然之前的零件太小，之后的零件又太大，也就是说长度没有问题，问题在于宽度。但是什么宽度才是最合适的呢？”他将两枚零件仔细地进行比较，终于发现了一个合适的宽度。

第二天，员工一大早就来到岗位进行工作。只见他先将那个较大的零件放在材料上面进行比较，然后将这个范围的材料剪切下来，又将小零件放在上面，在材料上画出了小零件的范围。然后仔仔细细地开始工作。

这时，员工们也开始陆陆续续地上岗工作。有些员工知道了这位员工的情况，好心提醒道：“你还不适合做这样的工作，还是跟领导申请换个工作吧。”这位员工听到后，只是笑着说：“谢谢你的好意，但是这项工作既然我接受了，就必须要将它做好，即使失败的次数再多，我也不能弃之不顾。”那位提醒他的员工听到后，摇摇头走开了。

员工仔仔细细地工作，直到中午，他才放下手中的工具，再度向领导办公室跑去。

“领导，这次应该没问题了。”员工一边擦着汗，一边笑着说道。看样子，这位员工对自己这次的制作很有信心。

领导接过零件，仔细地看了看，然后又比了比，果然是一点错误也没有。

领导笑了笑，说：“不错，这下我可以交给你更多的零件去完成了。你已经拥有制作这种零件的能力了。”

员工有些不解地问：“为什么我有这种能力呢？我才只做了

一个零件啊。”

领导笑着答：“因为，你已经通过不断的努力，让自己在这方面的能力得到了提升。不信的话，你可以再尝试做一个看看。”

员工怀揣着怀疑的心理再次做了一个零件，正如领导所言，这次做的零件竟然一次性合格了。这位员工显然有些不敢相信。

“因为你永不放弃的精神让你从失败中得到了锻炼，而失败带来的机遇则更好地帮助你完善了自己的能力。所以，你现在才能做到一次性就将任务完成。”领导笑着解释道。

员工还是有些疑惑地问：“可是公司里面还有许多经验能力在我之上的员工，为什么他们不能做到呢？”

领导说：“因为他们没有永不放弃的精神，所以他们在面对失败的时候总是会想尽办法去逃避，或者干脆对这件事情拒绝。他们错失了机遇，自然得不到很好的锻炼。”

员工此时才恍然大悟。领导的一席话，让这位员工更加坚定了永不放弃的念头，他通过不懈地努力，自身的能力得到了一步又一步的提升，为企业创造了一个又一个优异的成绩，最终成了优秀员工。

为什么这位员工能够成为企业中的优秀员工呢？因为他做到了永不放弃。这位员工能够通过永不放弃的精神，让失败磨炼自己的能力，而失败带来的机遇又会随着他永不放弃的精神被他牢牢掌握在手中，促进他的自身能力不断发展，进而为企业创造出一个又一个优秀的成绩。因为能力的突出，又为企业创造出了巨大的成绩，这位员工自然而然地就成为了企业中不可或缺的优秀员工。

员工要想成为优秀员工，就要有永不放弃的精神，敢于面对一切的困难和挑战，做到在失败面前不气馁，在困难面前不低头。通过不断的努力，让自己去解决困难、战胜失败，进而让自己的能力得到提升。优秀的员工都是永不放弃的员工，因为他们知道，机会从来都属于永不放弃的人。

【职场感悟】

我们在职场工作时，总是会遇到各种各样的阻碍，如失败、未知、困难等。我们要用永不放弃的精神去面对这些阻碍，要将这些阻碍作为磨炼我们自身能力的动力。我们要清楚地认识到机会往往属于那些永不放弃的人，因为他们在永不放弃地解决这些问题的同时，也更好地抓住了机遇。

4

安于现状的人从来都没有机会

当我们从学校走出来，为了生活而去职场工作时，我们都会有一个想法，那就是成为企业中优秀的员工。然而在我们努力工作的时候，又会出现不满的情绪，因为我们在羡慕别人取得成功的同时，又会为自己碰不到机遇而发出感慨，为上天不眷顾自己发出抱怨，进而对自己的工作失去信心。

其实，上天不会偏向任何人，机遇会出现在每一个人的身上。勤奋工作、努力学习的人，会将机遇牢牢把握，让机遇磨炼自己的能力，让自己能够更好地在职场工作，能够更好地为企业创造更多的成绩，让自己成为优秀的员工。而那些不思进取、安于现状的员工则不能有效地抓住机遇，让机遇从自己的身边溜走。

安于现状的人从来都没有机会，因为安于现状的人无法发现自己的不足，从而无法更好地进行学习和工作。安于现状的员工都会有“我只要将工作做完就好了”而没有“我要将这份工作做得更好”的心理。安于现状的员工是消极工作的，他们不会去积极做好面对机遇的准备，所以他们自然不能将机遇牢牢把握住。

北京市是一个大型公司云集的城市,同样也是许多中小企业成长的城市。

北京市的一家服装制造厂在短短两年内,由一个新成长的企业跨步到了一家知名企业,成为许多服装制造厂的竞争和“仰慕”的对象。作为知名企业,这家服装制造厂所面临的竞争压力也越来越大。

面对许多大型企业的竞争压力,该如何提升企业的知名度和能力,这个问题可是难倒了这家企业的领导,领导思前想后,还是决定将之前工作的那位“名人”请出山。

领导心目中的名人,是在这家公司从事多年的一位优秀的员工。领导向他讲明了情况后,这位员工笑着说:“其实解决这个问题很简单,你只要让员工提升工作的能力就好了。”

领导听得不明所以,他问:“提升员工的能力和企业面对更强的市场竞争压力有什么关系?”

员工笑着说:“这样吧,你给我一个月的时间,我保证将公司内的员工全部打造成优秀的员工。”

领导满心怀疑,但还是答应了他。

这位员工刚上任的第一天,就对其他员工说:“你们知道我为什么能成为企业的优秀员工,而且在此刻又回来了吗?”

其他员工都摇了摇头,有的员工低声说:“因为你运气好。”

这位员工听到后,点了点头,说:“不错,是我运气好,能够抓住机遇,但是你们知道为什么我能一直运气好吗?”

这时其他员工均愣住了,运气好还能有原因?

这位员工看到其他员工的反应,笑着说:“因为,我能够积极进取、努力工作。通过不懈地努力学习,我能够提升自己的能力。通过更努力的工作,我能够更好地发现机遇并将机遇牢牢抓住,用机遇磨炼我自己的能力,让我的能力更让一层楼,成为企业的优秀员工。”

员工们听到他的解释后点了点头,看样子他们是有些明白了。

这位员工看见其他员工的反应,笑着点了点头,说:“你们要想成为企业的优秀员工,就要学会做到积极努力,不断向前看。我和领导下了保证,要在一个月内将你们全部培养成为优秀的员工,我相信大家也都能够成为企业的优秀员工。

第二天,这位员工让其他员工把工作报告给他看,然后将当天的工作数量和排名写在一张纸上,并于第三天公布。第三天员工看见纸上的排名时,心中都有继续努力的想法。"第二名想要超越第一名,所以在工作中变得更加努力,第一名想要保持住第一名的位置,自然就要更加努力。"在面对这样的情况时,这位员工笑着说道。

就这样持续了一个月,员工的能力都有了很大的提升,企业的发展变得更加强大。最好的证明就是越来越多的客户关注和购买这家公司生产的服装。

面对这样的情况,这家企业的领导笑着询问原因。这位员工笑着说:"因为他们的求胜欲望激发出了他们积极努力的想法,所以他们能够积极主动地去学习、去工作。因为他们有了积极主动的态度,在机遇到来时,自然就有充足的准备去抓住机遇。他们抓住了机遇,就能够更好地提升自己的能力,而能力提升了,他们就能够更好地去为企业创造更多的财富,成为优秀的员工。这就是我成功的原因。"

这家企业为什么能够在短短两年内成为知名企业,能够更好地面临巨大的挑战?因为这家企业的员工能够积极努力地不断学习、工作,所以他们能够更好的提升自己的能力,他们能够更好地抓住机遇、磨炼自己的能力,为企业创造巨大的财富,最终成为优秀的员工。

所以,员工要想成为企业内部不可或缺的优秀员工,就要拥有不断努力、积极进取的工作态度,用不断努力的精神,让自己能够将机遇牢牢把握,让自己变得更加优秀。而那些安于现状、不思进取、只会抱怨的员工,是无法成为优秀员工的。

【职场感悟】

我们在职场工作时,总是会有成为优秀员工的想法。如何才能成为优秀的员工就成了我们在工作时面对的一个重要问题。许多优秀员工的

经验告诉我们:想要成为优秀员工,就要抓住机遇;想要抓住机遇,就要不断努力、积极进取。因为这样做,我们就能够在机遇到来时做好充足的准备去抓住机遇。

5 无惧失败:机会常常隐匿在失败中

我们人生的道路是由失败伴随的。当我们学会站起来的时候,我们要经历摔倒;当我们面对优异的成绩时,我们要经历不尽如人意的成绩;当我们取得成功时,也要面临不断的失败。有句话说得好:"没有失败的成功,不是成功。"

"失败是成功之母",这是一个流传很久的谚语。员工在工作时,也要拥有无惧失败的工作态度,要清楚地知道机会常常隐匿在失败中。

失败是员工磨炼自身能力、更好成长的一个重要手段。员工要想成为企业中优秀的员工,就要拥有无惧失败的勇气,将失败看成磨炼自身、让自己变得更加完善的机遇。所以员工要做到在失败面前不低头,让自己将失败看做一种挑战。

机遇的同时也是一种挑战,员工在面对失败时,能否做到无惧失败,既是员工自身思想的一种挑战,也是员工自身能力的一种挑战,而机遇往往就藏匿在这种失败的挑战中。所以员工要想抓住机遇,就要有将失败看成磨炼自身的机遇,无惧失败的思想态度。

"砰"的一声,一个响亮的声音在工作场地上回旋。许多员工听见这个声音,都放下了手中的工作,向声音的来源处看去。

"不干了,这都是第三次重复这个零件了。"一名员工怒气冲冲地说道,后来干脆坐在了地上。

这时,旁边工作的员工劝道:"算了吧,一会儿领导过来检查工作，发现你这样，又该生气了。”

“生气就生气。我就是不明白，我的这个零件明明已经做得完美无缺了，为什么还要重新做？”那名员工非但不领情，反而怒气冲冲地问。

“也许真的是你零件有什么问题呢？你有仔细检查过吗？”劝说的那位员工问。

“没有，但是我对自己做出的东西有信心。即使不用检查，我也能够保证。”那名员工仍旧不消气地说道。

“快起来工作吧，领导来了。”这时，其他员工好心提醒，然后众人各自回到了岗位上工作，唯独那名坐在地上的员工没有起来。

领导走过来问：“你为什么不工作？”

员工说：“领导，我对我现在做出的零件已经信心十足，可是为什么还是过不了关？”

领导听后，来到他工作的岗位检查起零件。过了一段时间，领导断然说：“还是不成啊。”

“怎么可能？我这已经是做得最好的零件了。”员工急忙说道。

“这真的是做得最好的零件吗？我怎么感觉还没有第一次做得好？”领导一边仔细看着零件一边问。

这时，员工没有再说话，他清楚，自己制作这个零件远远没有第一次制作时用心。所以对于领导的话，他也只能选择沉默。

“你知道我为什么让你一次又一次地重新做这个零件吗？”领导看着员工问道。

员工摇了摇头，说：“不知道。”

“我想看看，你面对失败时候，是怎么做的。”领导说，“有自信心是好事，但是凡事太过绝对会让你产生骄傲的心理，自然不能将这些小事情放在心上。当然在面对失败的时候也不知道该怎么去解决，只会一味地认为自己是对的。”

领导顿了顿，又说：“你之前做的零件，的确可以说是不错的，但是却有一个明显的错误。我之所以让你重新做，而且不告

诉你原因，就是希望你能够发现自己失败在哪里，并加以改正。而你的自信却让你不能面对失败的打击，致使第二次做完的零件比第一次还要糟糕。所以我才会再让你进行这项工作。”

那名员工听到后，惭愧地低下了头。

领导又说：“要想让自己变得成功，就要有面对失败的勇气。失败并不可怕，因为从另一方面讲，它为我们带来了磨炼自己能力的机遇。可怕的是不敢面对失败，因为不敢面对失败，就意味着机遇白白地流失。所以，我们要敢于面对失败，要清楚失败是成功的必经道路。”

员工抬起了头，说：“我现在终于知道我哪里错了，不是我工作出现问题，而是我的心态出现了问题。”

领导点了点头，笑着说：“一个敢于对自己成绩说不的员工才是优秀的员工，才是企业不可或缺的员工。”

员工将领导的话牢记在心里，在以后的工作中，每当面对失败时，他总是能够积极寻找原因，让自己做得更好。而当他成功时，他又认为自己可以做得更好，然后向更高的方向去努力。就这样，这位员工凭借着自身的不断努力，终于让自己变得更加完善，最终为企业创造出巨大的财富，成了企业的优秀员工。

这位员工的职场经历可谓是一波多折，他制作的零件一直被领导否认，他的骄傲心理让他难以面对这样的结果，所以他不能发现自己的错误。领导的话却让他明白了一个道理：要学会面对失败。所以这位员工在以后的工作中敢于对自己的成绩说不，敢于面对失败，进而将自己磨炼成为优秀员工。

员工在职场工作，都会有想成为企业中不可或缺的优秀员工的心理。所以我们要学会敢于面对失败，敢于对自己的成绩说不。通过不断的失败，让我们不断地成长，进而成为优秀员工。优秀员工都是敢于面对失败的员工，因为机遇往往就藏匿在失败中。

【职场感悟】

我们在工作的时候，总是会面对各种各样的失败。是否敢于面对失败是能否成为优秀员工的重要考核因素，因为机遇往往就藏匿在失败中。优秀的员工都是敢于对自己成绩说不，通过不断努力让自己变得更加完善的员工，而那些无法成为优秀员工的员工，都是害怕面对失败的员工。

第八章　忠诚敬业：忠诚让你独一无二，敬业让你超越一切

忠诚敬业是每一个人都应具备的职业素养，更是成功的基础。忠诚敬业是员工在职场中的安身立命之本，也是员工打开事业成功大门的一把钥匙，更是员工获得社会认同、取得良好口碑的佐证。忠诚敬业的员工是企业里的珍贵财富，他们在企业里的位置是无可取代的，他们的工作前景是无可限量的。

1

忠诚的员工最不容易失业

忠诚是人最可贵的品质，是永恒的美德。人们用各种美好的词语来赞扬忠诚这种品质，原因在于忠诚无坚不摧，能够战胜一切强大困难，忠诚永恒持久不易变化。彼此忠诚的两个人能够患难与共，相互扶持。因此，忠诚的朋友是我们生活中的至宝，没什么比获得信任和友谊更能让人快乐了。

在职场上同样也是如此，企业永远把忠诚于自己的员工当成最宝贵的财富。然而，企业与员工的忠诚也是相互的，不忠诚于企业的员工缺乏奉献和持久精神，过于挑剔企业的环境、薪酬，频繁跳槽是他们最大的特点，这样的员工很难获得企业的重用和珍惜。

忠诚于自己的企业，忠诚于自己从事的工作，对于立足职场的人们来说是非常关键的。这种忠诚是员工在企业安身立命的根本，因为一家有远见的企业会把员工对企业的忠诚度当做衡量员工素质的前提条件，其次才是员工的能力。因为员工的能力可以通过学习和培训加以提升，然而培养员工的忠诚品质绝非易事。

陈宁是某名牌大学的硕士毕业生，他不仅学业成绩很好，而且头脑也很灵活，还有非常强的好胜心。对于年轻人来说有好胜心并不是什么坏事，但是凡事就怕过度，他在学校期间为了获得学生会主席的职位不惜花钱请同学们吃饭，说服同宿舍的同学替他拉选票，在他的一番运作下他终于当上了学生会主席。

起初同学们以为他力争当选的原因是他热心，喜欢为同学们多做些事情，然而渐渐地同学们明白了他想当选的真正原因

是为了能在毕业的时候为自己的择业增加一个亮点。于是,同学们慢慢疏远了他。

如果他通过在大学里的这次经历能够改掉做人不诚信、缺乏忠诚品质的毛病,也许聪明好学的他在走向社会以后会是一个非常优秀的人才。毕业后,凭借着自己名牌大学毕业的优势和良好的口才及气质,他应聘到一家大型公司工作。

强烈的好胜心让他急于在工作中展现自己的实力,获得肯定。他总想单独做点业绩出来给领导们看,所以不愿意与同事们一起协作做项目,而是要求自己单独工作。陈宁过高估计了自己的实力,事实上没有丰富的工作经验,想要单独完成工作不是件容易的事情。不出所料,信心十足的陈宁没有能按时完成自己的工作指标。为此,公司按规定扣除了他的奖金和部分工资而且还对他不与同事团结协作、单独蛮干的工作方式提出了批评。

事实上,公司对他这样的处理方式并没有什么不妥之处,公司的工作不同于学校的学习,公司更强调团队合作精神,要求员工培养团队意识和集体精神。这样做正是公司在多年经营过程中总结出来的最先进的工作方式,团队工作方式同时也要求员工对企业和集体有较高的忠诚度才可以很好地融入集体的工作中。忠诚恰恰是陈宁的弱项,因此他的工作不能按时按质完成也是不可避免的事情。

公司对他的处罚和批评促使他改掉自己的缺点,弥补自己的不足,迅速回到正常的工作轨道上来。但是从未认过输的陈宁却受不了这样的打击,他从小到大在学校里一直是班级的佼佼者,老师的宠儿。自负的陈宁萌生了跳槽的念头,他开始慢慢寻找合适的单位。

陈宁经过仔细挑选,看中了自己公司的竞争对手D集团。陈宁想如果再换单位肯定不能换一家比现在这个公司规模小的,要跳就跳去更好的,最起码也是差不多的。而D集团正好符合这个要求。

如果陈宁就这样悄悄离开,也许后面的路要容易走得多,对公司怀恨在心的陈宁走的时候还将公司的一些商业机密偷偷复制出来一起带去D集团，并以这些机密资料为邀功的资本，要求D集团给他一个高薪和高职位。

陈宁如愿来到了D集团，新公司也按事先说好的条件给了他非常高的薪酬，但是却迟迟不提职位的事情。于是陈宁像是公司里的一个摆设，没有具体的工作，没有具体的职位甚至没有的办公桌。新公司的员工们也知道陈宁的来历，认为这样的人不但品质恶劣而且相当危险，所以大家上班的时候几乎没有人理睬他。陈宁觉得非常郁闷。

焦急的陈宁终于沉不住气决定找公司的领导问个清楚，当他走到领导办公室门口的时候，恰好听到领导在和别人说他的事情："陈宁这个人不能重用，非但不能用而且合适的时候还要辞退他。他原来的那家公司对他不错，有意培养他，但是他非但不感恩而且一受点委屈就带着公司的机密投奔咱们公司，以后说不定哪天他在咱们公司也受了委屈，可能也会带着咱们公司的机密投奔新主人。像这样对公司缺乏忠诚度的员工到哪儿都是害群之马，他以前的公司已经被他弄垮了，我们可不能不吸取这个教训。"

陈宁听到这些话就像掉进了冰洞里一样，他从来没想过自己的行为会被人如此不齿。他感觉自己没脸面再留在这家公司，于是悄悄溜走了。

离开D集团以后他又在当地开始寻找新的工作，但是令他没有想到的是，他的"不忠诚事迹"早已在行业内广为流传，许多公司已经把他列入不予以聘用的"黑名单"，在这种情况下陈宁只有去外地找寻工作。他对自己的做法非常懊悔，也意识到忠诚于企业对于一个员工来讲是立足的根本。但一切都已经太晚了，他的信誉被人们质疑，他注定要为他的不忠行为付出惨重的代价。

陈宁的经历告诉我们：一个丢掉忠诚品质的人同时也丢掉了机遇和信誉，为眼前的小利而放弃忠诚，必将付出惨痛的代价。陈宁本来是一个学业优秀的佼佼者，他本可以利用自己在学校所学的知识，为自己开创一个美好的未来,然而,就是因为他一念之差背叛了自己的企业,抛弃了作为员工不可缺乏的忠诚,使自己沦落到失业的地步。

许多员工认为在企业里能有一番作为,凭借的是自己高超的工作技能,其实不然,员工忠诚的品质才是企业衡量人才的首要标准。忠诚不仅是员工在企业立稳脚跟的基础,而且还决定了员工在企业里的地位和事业发展的走向。员工能否在事业上开创出自己的一片天地,往往就取决于员工对企业的忠诚度。

相反,对企业缺乏忠诚的员工,就像对企业领导者亮出了一个危险的讯号,这样的员工着眼于私利,不会安心本职工作,随时都会离开,不仅让企业感觉白白浪费了培养他的心血,而且更严重的情况下他们会出卖自己的公司来为自己求得更多的实际利益。因此,忠诚度高的员工是企业的宝贝,一般情况下企业会尽力留住这样的员工,不会轻易予以辞退。

忠诚不仅是一种品德,更是一种能力,它是其他所有能力的统帅和核心,因为如果一个人缺乏忠诚,他的其他能力就失去了价值,没有任何一个企业愿意雇用一个缺乏忠诚度的人。在越来越激烈的竞争中,人才之间的较量,已经从单纯的能力对比延伸到了品德方面的对比。忠诚越来越受到企业的重视,因为只有忠诚的员工,才可能有资格成为优秀团队中的一员。

【职场感悟】

在同一个企业中,为什么有的员工是裁员的对象,而有的员工却可以留下来工作。被裁掉的员工与留下来的员工除了工作能力上的差异之外,最大的区别就是对企业的忠诚度。对企业忠诚度高的员工即使在能力上有所欠缺也不会轻易被企业抛弃。在竞争日益残酷的现实中,员工对企业的忠诚度是“护身符”。

2

爱岗敬业是最可贵的职业品质

“一两重的真诚，等于一吨重的聪明。”这是法国作家大仲马的一句名言。他用简单的比喻形象地告诉我们：工作的成与败不在于聪明，也不在于能力，而在于我们对待工作的真诚态度。不管我们从事什么样的工作，我们的工作态度决定工作的质量，爱岗敬业的态度会得到事业成功的回报。现实中，人们很难对自己日复一日所做的工作产生爱和敬的态度，这也恰好解释了为什么获得事业成功的总是少数一部分人。我们在羡慕别人成功的时候总会问：“为什么成功的人是他，而不是我？”其实这个问题的答案就藏在我们身上，因为我们缺少对工作的热爱、对事业的执著，缺少爱岗敬业的精神促使我们攀上事业的高峰。

我们对“爱岗敬业”这个概念并不陌生，在我们踏上职业生涯的时候就已经接触过它了，但是随着工作日久，我们会渐渐淡忘它，甚至把它当成一句不切实际的口号。殊不知，在我们忽视它的时候，成功也离我们越来越远。

在职场中受到领导器重的员工也许并不是业务能力最强的员工，也不一定是最活泼聪明的员工，但他一定是爱岗敬业的员工。因为只有这样的员工才最容易获得领导的信任，让领导很放心地把重要的事情交给他。

程雨薇是个生长在西安的漂亮姑娘，父亲和母亲都是教师。她从小生活在一个和谐温馨的家庭里。由于父母都是老师，她从小就受到很好的教育，聪明伶俐的小雨薇在4岁的时候就可以背出近百首古诗。亲戚和邻居都夸这个小姑娘聪明，只要善加培养，前途不可限量。

2005年19岁的雨薇不负家人的期望以优异的成绩考入某名牌财经大学。然而，就在她大二的时候，父亲患了绝症。为了

给父亲治病,她的母亲辞去工作陪着父亲辗转全国各大医院治病,半年下来父亲的病情没见好转。为给父亲看病,他们花光了家里的积蓄,无奈之下母亲变卖了家里的房子。从此他们一家人只能租住在市郊一所偏僻平房里。由于无力承担学费,雨薇不得不辍学就业。

然而突如其来的变故并没有让这个20岁的小姑娘消沉下来,她坚信只要努力,就算没有大学文凭一样可以做出一番事业来改变家庭的困境。她决定离开家找份工作,从力所能及的工作做起,开始她拯救家庭危机的第一步。

雨薇考虑了好久,决定去就业环境良好的北京找工作,而且她还决定一定要应聘进一家大公司,因为大公司的环境有助于她在工作中学习和提高自己。经过努力,雨薇凭借良好的气质和外形以及良好的英语功底进入T&L集团,做了一名接待处的服务人员。经过短期培训后她正式开始了职业生涯中第一份工作。

由于家境的关系,她格外珍惜这个工作机会,所以她在工作中比别的女孩更加努力和细致。她的工作是负责国外大客户的接待工作,为了让客户满意,她从各种渠道提前了解客户的生活习惯、爱好和禁忌。有一次她负责接待一位从阿拉伯国家来的客户,她了解到许多阿拉伯国家全民信奉伊斯兰教,所以能让客人在她的接待过程中感觉到家的温暖,她提前从网上下载了酒店附近所有清真餐厅的位置和餐厅的特色菜肴,而且她还了解清楚了伊斯兰教徒的生活习俗,知道伊斯兰教徒有在清真寺做礼拜的习俗,为方便客户做礼拜,她还特意在为客户准备的地图上标注清楚清真寺的位置。这位阿拉伯客户对她的工作极其满意,称赞她细心周到,更令人意外的是客户把原来的贸易额增加了一倍。客户对集团总裁说:"我从你们接待人员身上看到敬业的精神,这种敬业精神只能在优秀企业的普通员工身上体现出来,因此,我们判断你的公司有能力和我们进行更大的合作项目。"

鉴于雨薇出色的表现,她很快被提拔为接待处的主管。可是雨薇并没有因此而骄傲，她利用业余时间学习自己未完成的大学功课，并把自学的理论知识运用到工作中。虽然她现在从事接待工作，但是她坚信广泛学习各种专业的知识对她的工作会起到帮助的作用。果然集团领导注意到她在财会管理上的天赋，也了解到她由于家庭变故不得不从财经大学辍学的经历。

为了能让她更好发挥在财会工作上的特长，也为了将她培养成集团财经工作的骨干，公司决定公费派她回到她的母亲身边继续完成学业，上学期间工资待遇不变，在送她上学之前，公司甚至没有和她签订任何合同，集团领导相信她一定会回到T&L集团，因为集团相信一个爱岗敬业的员工无论走到哪儿都会保持对集团的忠诚。

两年时间转眼就过去了，雨薇按当初的约定又回到了T&L集团，只是她没有再回到接待处，而是进入企业最核心的部门财务部担任财务部门主管职务。重新回到工作岗位的雨薇，依然像两年前一样敬业，她总是最早到办公室，也是最晚离开办公室的一个。她明白，她能有今天的成就完全取决于她爱岗敬业的职业品质，而将来这种职业品质还会为她和她所在的企业带来更美好的未来。

雨薇的爱岗敬业精神就是人们常说的：干一行，爱一行。不管是做接待服务员还是财务主管，她都尽力把工作做到位，正是这种敬业的职业品质为企业增添了效益，也为雨薇赢得了事业的成功。

爱岗敬业是员工对企业忠诚态度的体现，它是员工对自己所选择的职业的认可和热爱，它促使员工全心全意、尽职尽责地做好本职工作。员工们终日重复从事一项工作，如果没有热爱的心态，很容易就会产生厌烦情绪。很多员工在就业初期能保持对工作的热情，而时间长了就会觉得枯燥，就是因为没有把爱岗敬业的理念深入到自己的心中，只靠新鲜和好奇心是很难长时间维持对工作的热情和积极性的。因此，爱岗敬业不仅是一种职业品质，更应该是一种理念。爱岗敬业的精神是员工不断钻研和学习的动力，没有爱岗敬业精神的员工也很难在工作中不断提升自己的专业水平和业务技能，这样的员工也很难适应企业不断发展、不断增强竞争力的需要。

因此,员工在工作中许多消极情绪的根源最后都能归结到缺乏爱岗敬业精神上来。事实上,在职场中没有做不好的工作,只有不敬业的员工。员工保有对工作的挚爱态度,就不会在工作中出现敷衍了事、拖拖拉拉或者被动工作的现象。企业的生存和发展壮大依靠敬业员工的认真而高效的工作,员工的职业发展也离不开爱岗敬业精神的辅助。因此,员工培养自己的爱岗敬业精神,于企业、于自己都是一项刻不容缓的工作内容。

【职场感悟】

员工是企业宝贵的财富,爱岗敬业的员工是企业的无价之宝。企业的生存与发展倚重于具有良好职业态度和优秀职业技能的员工,一个企业中爱岗敬业的员工越多,企业发展的速度越快,前景也越光明。因此,企业把员工的爱岗敬业态度当作员工最可贵的职业品质。

3 付出忠诚,就能收获信赖

许多大企业在招聘员工的时候都会将频繁跳槽的应聘者拒之门外,因为在他们看来频繁跳槽的人缺乏忠诚度,不值得企业信赖。西门子中国在应聘规定中就有如下内容:“对于一年内换两次工作的应聘人员,不予录用。”西门子中国的用人标准在当今大型企业里并非孤立的,相反是很普遍的现象。效益好、规模大的企业更强调员工的职业道德教育,也更明确忠诚可信的职业态度比工作能力更重要的理念。他们认为企业的生存和发展要倚重于员工的高效工作,员工高效工作的基础是忠诚敬业的职业态度,因此,只有忠诚度高的员工,才能担负起企业发展的重任,是值得企业信赖的优秀员工。

人与人之间建立相互信赖的关系时,很容易达成一致的意见,建立起良好的合作关系,两人都愿意给对方提供最大的帮助和支持,信赖关系让两个人的力量融合一个和谐、有力的整体。同理,企业为员工的能力提高和事业成长提供各种便利的条件,员工尽力为企业的发展做出自己最大的贡献,这一切都来源于企业对员工的信赖和员工对企业的忠诚。这种忠诚和信赖是在长期的工作中缔结而成的,因此,在短时间内频繁跳槽的员工,很难产生对企业的忠诚态度,因此这样的员工也是不值得企业信赖的。忠诚与信赖这两种态度,相互间具有很明显的因果性。在企业中,员工付出忠诚才会换来企业的信赖,企业对员工的信赖反过来又会促进员工提升对企业的忠诚度。

王磊是北京一家传统食品厂的老员工,他所在的工厂专门生产北京当地人喜欢的风味食品,这些食品的配方和加工工艺都有严格的保密规定。王磊在这家工厂工作了近三十年时间,对工厂有着很深的感情,从普通的员工到工厂生产车间的主管,他一直尽职尽责、以厂为家。他在担任生产主管的时候,可以接触到产品的生产配方和生产工艺方面的机密资料,责任心极强的王磊知道,这些机密资料关系着企业的生存和发展,他不能辜负工厂对他的信任,于是小心仔细地保管这些资料。

随着经济快速的增长,食品行业的竞争也越来越残酷,王磊所在的工厂产品由于市场仅仅局限在北京周边地区,也没有实力引进新产品的生产方法,更没钱做市场推广,所以工厂和许多传统企业一样慢慢走向衰落。工厂效率越来越差,在这种情况下,工厂决定结束生产,遣散员工。

王磊失业了,年近50的他想要寻找到一份合适的工作是件很不容易的事情。正在王磊发愁的时候,有一家国外食品企业的工作人员找到他,邀请他到企业任生产主管,而且给了他非常优厚的条件,但是进入这家企业有个条件:拿出以前工厂生产的传统食品的配方和生产工艺。

王磊听到他们的话非常矛盾,由于失业,工厂解散时发的遣散费也快花光了,孩子正在上大学也正是需要用钱的时候,如果答应这家企业的条件,无疑帮他解决了面临的问题。家人也劝他接受这份工作,毕竟以前的工厂已经解散了,现在厂都没有了,还谈什么保密原则呢?但是,王磊却不这么想,那些配方和生产工艺是以前工厂的厂长家几代人的心血和结晶,如果这么容易就泄露给别人,那自己岂不是会内疚一辈子。想到这里,他谢绝了这家企业的邀请。

王磊以前工厂的领导们也并没有闲下来,他们虽然解散了工厂,遣散了员工,但不甘心经营了多年的工厂就这样结束了,于是他们仔细研究、商讨重新开始生产的对策,也与有实力的食品企业频频接触发展合作。恰在此时他们听到了王磊为了保守商业机密,拒绝高薪的事情,这件事情让厂领导们很受感动,同时也坚定了重新开始生产、召回原来工厂员工的决定。经过努力,他们终于与一家大企业达成了合作意向,对方同意出资帮助工厂重新开始生产。

经过精心的准备,工厂终于恢复了生产运营,厂领导将遣散的员工一一请回来继续在工厂上班,其中也包括王磊。新开业的工厂不仅规模比以前大,还增加了许多新员工,生产车间的环境也比旧厂好许多。原来的员工们基本上各自回到以前的工作岗位,唯独王磊的职位还没有安排好。正在王磊犹豫着不知道应该干什么的时候,他接到了新的任命通知,原来厂领导经过研究,决定任命王磊为该厂的副厂长,主管生产工作。

这一任命让其他员工和王磊本人都感觉到很意外,厂领导这才道明原委:"王磊能为了保守工厂的商业机密放弃优厚的条件,像他这样对工厂忠诚的员工就应该给他更多的机会和奖励。管理工厂的工作要求员工要有对企业强烈的责任心和极高的忠诚度,必须是值得企业信赖的员工。王磊符合这个条件,所以由他担负副厂长的职务是合适的。"

只有企业信赖员工的时候,才会对他委以重任,而取得企业的信赖必须要求员工付出忠诚。王磊用他的忠诚换得了企业对他的信赖和重用。但是我们也可以看到,忠诚首先是个人的品质,品质是一种持续的行为习惯,因此,在王磊所在的工厂已经解散、对员工的管理规定已经失效的情况下,王磊依然能对企业保持忠诚。

任何企业的生存和发展都离不开员工真诚的付出和努力的工作。员工对企业的忠诚体现在两个层面，一是行为层面，员工在工作时遵守企业的各项规章制度，积极投入企业的生产经营活动，用高效的工作来体现员工的忠诚；另一个是思想层面，员工保持积极向上的工作态度，自觉维持企业的利益并发自内心地热爱自己的企业和工作岗位。通过员工付出的忠诚，企业对员工产生信赖，为员工提供更多保障和服务，关心员工的生活和工作情况，及时肯定员工的工作成绩并给予加薪、升职等相应的奖励。

因此，忠诚不仅仅是个人品质的问题，而且更关系到公司和组织的利益。忠诚有着其独特的道德价值，并蕴含着极大的经济价值和社会价值。一个秉承忠诚的员工，能给他人和企业以信赖感，让领导乐于接纳。最后，在赢得领导信任的同时，他更容易为自己的职业生涯带来意想不到的好处。所以，取得信赖是他人对自己的肯定，也意味着一种收获，这对于企业和员工的发展来说是极其重要的条件。

【职场感悟】

常言道：付出就会有回报。员工对企业的忠诚，必定换回企业对员工的信赖和重用。身在职场的人们应该切记：没有付出的工作是无用功，忠诚的态度是我们做人的准则，同时也是我们从事的准则。取得任职企业和单位的信赖对员工来讲是极其重要的事情，它将决定我们的职业发展和前途走向。

4

忠诚与敬业让你赢得好口碑

在日常生活中，人们都非常重视别人对自己的评价，都希望自己在别

人的眼中是个优秀、完美的人。在意别人对自己的态度,重视自己的口碑这是人的正常心理。只有当自己的行为得到大多数人的认同和肯定,我们才能说自己是有价值的、是成功的。

身在职场,工作占用了我们大部分的时间和精力,因为工作是我们安身立命的根本,工作是我们的一种谋生手段,我们通过辛苦的工作换得酬劳,同时,工作也是我们实现人生价值的主要途径。我们对自己身边工作拖拉、散漫的员工没什么好印象,觉得这样的人简直就是在混日子。我们也会对工作认真负责、踏实努力的员工产生敬佩之情,觉得这样的人事业心强、值得信任。事实上也确实是这样,我们评价一个人的时候,他的工作态度好坏成了一个重要的参考项,忠诚敬业的职业态度会给人们带来很好的信誉。

小莲进入长江实业集团的时候才 24 岁,因为中学毕业以后就出来打工,所以她在公司里只做接接电话、做做记录的内务秘书的工作。她知道凭借自己的学历在这家大公司里有番作为是极为困难的事情,于是利用业余时间进修了行政秘书和工商管理的课程。后来集团上市后决定进军房产市场,小莲也跟随公司领导转职为房地产部秘书。

因为工作关系,小莲经常跟随领导参加一些房地产会议,对房地的销售工作产生了兴趣,小莲向领导提出来做售楼的工作。领导也一直很欣赏这个好学的女孩,也想给她一个事业发展的机会,同意她去售楼部门做一个主管。

小莲最初的工作并不顺利,同事也纷纷猜测这个女孩子是不是有什么特殊的背景,不然老板不会这么信任她,让她从秘书转职到售楼业务部门任主管,当时并没有人看好她,觉得她在工作上不会有什么出色表现。小莲并不在意这些议论,而且她也明白能让人们转变这些看法的办法并不是辩解,而是出色的工作。凭借转职之前对房地产业的了解和自己勤勉的工作作风,她在销售方面的天赋一点点发挥了出来。

小莲的想法并没有错,随着销售业绩的不断攀升,人们对小莲的看法也有了极大的转变。同事们对这个工作异常努力的女孩都很敬重,在转职两年以后她又以优秀的工作业绩被公司任命为物业租售管理总经理，虽然职位变化了，但是小莲忠诚于企业的敬业态度却丝毫没有变化，公司的工作大至楼盘市场定位及销售，小到编印楼书以及与住户沟通的工作她都亲力亲为，为了确保每一份工作的质量，她绝不会把工作假手于人。

在她的努力下，公司的售楼成绩一直位列第一，即使在亚洲金融风暴时期，她负责销售的不少楼盘也迅速销售一空。在公司售楼部门的20年间，她用辛勤的工作为公司赢得了近千亿港元的收益，也帮助公司从一家十几名员工的房地产公司发展成世界级的企业。

为了给企业创造更多的效益，已经成为总经理的小莲并没有停下努力工作的脚步，鉴于她努力工作以及为公司做出的突出贡献，5年以后公司又任她为公司执行董事，她的年薪为1200万港币。她从秘书到公司董事的十多年间，用忠诚企业发展的信念引导着自己一路辛勤工作，小莲的忠诚与敬业也让她受益良多，除了经济收入以外，她也受到人们的尊重和敬佩，她用出色的工作为自己赢得了众人的尊重，至此没有人再猜测她的来历和背景。当人们问她成功的心得时，她说："和公司共成长，共分享苦乐。"

其实这位忠诚企业、爱岗敬业的小莲就是香港首富李嘉诚的心腹大将——洪小莲。李嘉诚对她给予了很高的评价，并将她列入自己的"四大良将"之一。

也许当初并不看好洪小莲的同事们不会想到，被他们怀疑有"背景"的女孩会有如此的成就。这也恰恰说明，忠诚与敬业的工作态度是赢得别人尊重和敬佩的理由，即使被人歧视和误解，也能通过自己在工作上的努力和成果纠正别人对自己的看法。开创成功的事业并不是容易的事情，也许洪小莲的成功除了她忠诚敬业的职业态度起到关键作用之外，还有机遇和环境的因素。然而开创成功的事业都需要人们在工作中不断付出和积累。相对于成功的人们来说，更多忠诚而敬业的人们正走在通往成功的路上，他们一样会为自己赢得别人的肯定和认同。

对于身处职场的我们来说，工作是我们生命中的一段重要历程。一个人的工作态度折射着他的人生态度，而人生态度又决定着一个人一生的成就。实际上，在极其平凡的职业中，在极其低微的岗位上，往往也蕴藏着巨大的发展机会。作为一名员工，从你接受了这份工作开始，你就为自己打开了通往成功的大门，我们必须用忠诚的心态、以敬业的行动来对待它。

做不好工作的员工会有各种借口来推脱自己的责任，其实，成功与付出的努力成正比。放在我们眼前的工作看起来平凡枯燥，能在其中找寻到促进自己发展的道路似乎是很难的事情，因此很多员工放弃了努力和寻找，任自己安于现状，把自己的目标锁定在为数不多的工薪上混日子。殊不知正是这种态度将决定自己终生碌碌无为，长期的懒散和消极态度甚至会令我们失去工作，因为没有一个企业愿意录用这样的员工。

如果在面对工作的时候你能调动起自己全部的热情，用自己出色、高效的工作体现自己敬业的职业态度，就必定会为你赢得企业的信赖和别人的赞誉。当一个人拥有忠诚企业、爱岗敬业的良好口碑的时候，就等于握住了打开事业成功大门的钥匙，用这把钥匙打开成功的大门，去欣赏展现在自己眼前的美好前景就是指日可待的事情了。

【职场感悟】

常言道："别人眼中的你，才是真实的你。"别人对自己的评价是客观公正的，是极具说服力的。因此，我们才如此在意自己在别人眼中的印象，希望得到别人的认同和肯定。好的口碑往往有助于我们在职场的发展，忠诚与敬业是员工最重要的职业品质，给别人留下忠诚与敬业的印象，往往就拿到了在职场中顺利发展的"通行证"。

第九章　赢在服从：用绝对服从去赢得领导的信任

员工在进入职场开展工作时，要做到服从。优秀的员工都是能做到服从的员工，因为服从能够让员工在工作时变得更加积极努力，能让员工的能力得到更大的提高，能让员工为企业创造更多的财富，进而成为企业中不可或缺的优秀员工。所以员工要学会服从，用绝对服从去赢得领导的信任。

1

服从让你赢得信任，信任让你走向卓越

当我们进入职场开展工作时，我们要拥有服从安排的思想意识。因为职场不同于家庭，我们不是高高在上的；也不同于学校，我们不可以无忧无虑。职场是我们挑起生活重担的一个场所，在这个场所中，我们需要服从。

优秀的员工都是能做到服从的员工，因为他们清楚，服从能够让他们更好地进行工作，能够提升他们的能力，能够为企业创造巨大的财富，更可以让他们赢得领导的信任。而一旦他们赢得了领导的信任，也就证明他们得到了领导的青睐。得到领导青睐的员工，并不一定是能力多么优秀的员工，但一定是位服从领导指示的员工。

我们在开展工作时，一定要做到服从领导的指示。因为领导的指示能够让我们寻找到工作的方向，能够为我们指明提升能力的位置。对于企业的每一位员工来讲，服从领导的安排是每一位员工应尽的义务。

在北京市的一家电脑公司内，一名员工正在低头进行着手中的工作。奇怪的是，这个地方只有他一人在工作。

这位员工叫杨超，他来到这个公司工作已经有五年的时间了。在五年里，他一直兢兢业业地进行工作，对某一项工作都仔仔细细地认真对待，对领导交代的任务完成得十分出色。领导看到他的表现后，终于让他晋升到一个所有员工都想进但却没有人进得去的工作——主机研发工作。

杨超放下了手中的活，却仍旧目不转睛地盯着自己工作的那台主机，他心中在思考一个问题：怎么样才能研究出一个更新型的主机呢?

这时,领导走了过来。杨超看到领导后,向领导说明了自己的疑惑。领导听到后,只是笑着说:“你只要努力工作,你自己就会找到答案的。”

杨超疑惑地看着领导,对领导的话感觉莫名其妙。但他相信领导不会骗他,所以他还是按照领导的吩咐去进行工作了。

三天后,领导再次找到了杨超,笑着问:“找到答案了吗?”

杨超摇了摇头。

领导拍了拍他的肩膀,笑着说:“继续努力工作,你会发现答案的。”然后又离开了。

就这样又持续了一个星期,杨超的心渐渐有些凉了。

这时,领导再次走了过来,还是笑着问:“找到了吗?”

杨超仍旧摇头。领导仍旧笑着说:“继续吧。”然后再次离开了。

经过长时间的努力工作,杨超渐渐发现了一个问题:这个主机的线路十分复杂,如果坏了的话,会很不好修理。既然许多线路都连接到一个功能上,那么为什么不采用一根线路呢?于是他尝试着采用一根线路进行工作。果然,这一方法是行得通的。

杨超笑着说:“这样不仅节省了制作的时间,也节省了不少材料,更让主机显得美观。”

就在这时,领导又走了过来,问:“这次总该找到答案了吧?”

杨超笑着说:“找到了,您看。”说完,他向领导做起了示范,领导笑着点了点头。

杨超问:“为什么您那么确信我努力工作,就能找到答案呢?”

领导笑着说:“努力工作是自身的一个提升,你努力地工作,自身的能力就会得到提升。见识的多了,自然就会从中发现你要的答案。”

杨超又问:“但是许多员工和我一样努力工作,为什么他们就不能找到前进的方向?”

领导说："那是因为他们没有服从的意识。他们不清楚，服从是他们提升能力的一项重要意识。因为服从不仅会让自己更好地工作，而且更能够提升他们的能力。因为你做到了对我的话服从，所以，你才能够发现问题的答案，找到自己的目标。当然了，我不是万能的，许多错的地方，也是需要你们帮我加以改正的。"

杨超听完后，心中对服从有了更深的体会……

杨超可以说是位优秀的员工，因为他心中时刻拥有服从的思想意识，所以他能够更好地工作。因为他能够更好地工作，所以他能够更好地提升自己的能力。因为他能够更好地提升自己的能力，所以他能够发现问题的答案，进而用更好的方式为企业创造更多的财富。

要想成为优秀员工，就要做到对领导的话服从。优秀的员工都是拥有服从意识的员工，因为他们知道：服从会让他们得到领导的青睐，而得到领导的青睐，就会让他们变得更加卓越。他们变得更加卓越，也就自然成为了优秀员工。

【职场感悟】

员工在开展工作时，总会有成为优秀员工的梦想，并会向着这个梦想去努力。但是真正的优秀员工却不都是能力优秀、经验丰富的员工。优秀员工的成功经验为我们指明了：优秀员工还应做到服从领导的命令。服从，会让我们赢得领导的信任和青睐，而得到了领导的信任和青睐，我们就能变得更加卓越，就能够成为优秀的员工。

2 服从就是要恪守纪律

我们在任何时候都会遇到纪律问题，纪律与我们时刻相伴。在学校，

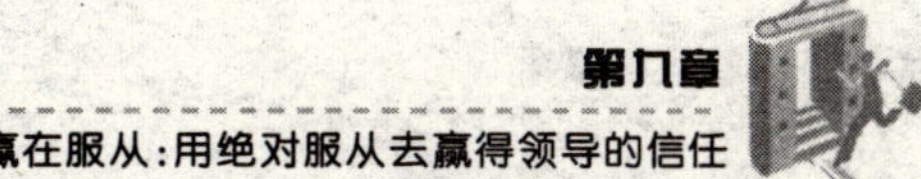

我们要服从学校的纪律;走出学校,我们就要服从社会的纪律;当我们进入到职场时,我们就要服从企业的纪律。纪律,是我们人生中一个永恒不变的话题。

如何做到服从纪律呢?要想做到服从纪律,就要恪守纪律。恪守纪律是服从纪律的基本,也是重点。一个员工如果连最基本的恪守纪律都不能做到做好,想要服从纪律是不可能实现的。优秀的员工都是恪守纪律的人,让企业的纪律伴随自己,让企业的纪律来约束自己,进而让自己积极努力地为企业工作,为企业创造巨大的财富,将自己打造成为优秀的员工。

服从就是要恪守纪律。恪守纪律是我们在企业工作的一个重要条件。我们在企业工作时,总是会接到领导的命令和通知,而能否做到服从,就要看我们能否做到恪守纪律。恪守纪律是一种能力,是一种素养,更是一种职责。优秀的员工都是能够做到恪守纪律的人,他们会通过恪守纪律来让自己更加积极努力地为企业创造成绩,让自己变得更加卓越,进而成为企业中不可或缺的优秀员工。

在杭州市的一家大型公司内,员工们正在积极努力地工作。领导过来视察,向其中一名员工说:"王海,你过来一下。"王海放下了手中的作业和领导离开了工作场位。

员工们看见领导走后,都开始对王海的情况进行各种猜测。有的员工认为王海今天迟到被领导发现了,要对他进行教育和处罚。有的员工则认为王海的能力那么优秀,足以弥补迟到的事情了。如果领导对于他迟到问题抓得太死,可能会导致他跳槽,那样反而得不偿失。众人猜测不一,手中的工作渐渐地慢了下来。

王海随着领导来到了办公室。领导笑着问:"知道为什么叫你来么?"

王海低着头说:"知道,我又迟到了。"

领导笑着点了点头,说道:"既然知道,那你应该知道公司的规矩。你照着做了吗?"

王海头低得更加深了,他嗫嚅地说:"对、对不起,我忘记了。"

领导说："我想你忘记的原因是太过急于工作，虽然这没有什么，但是规定必定是规定，所以我还是希望你能够好好服从。"

王海"哦"了一声，将罚款交给了领导，然后站回了原位。

领导将钱放入罚款箱中，说："我知道你工作能力很强，即使再晚迟到一小时，都能够将工作做好。但是你有没有想过，如果人人都像你一样，将企业的时间规定放在一旁置之不顾，只是想到'我只要按时完成任务即可'，那么企业内部的规定不就乱了套吗？"

王海听完领导的话后，将头低得都快要沾到地了。

领导又问："知道为什么我一直没有给你'优秀员工'的称号吗？"

王海摇了摇头表示不知道。

"其实你的能力的确可以称得上'优秀员工'了，但是因为你不能遵守公司的规定，你不能恪守公司的各项规定，就表示你无法更好地为企业进行工作。你可以做个计算，假如你每天迟到的那几分钟做出一个零件，那么你到现在，因为迟到而做出的零件有多少？优秀的员工不仅仅是能力突出的员工，更是能够恪守纪律的员工。因为恪守纪律就是服从命令，恪守纪律就能够更好地服从命令。"

王海听到领导的话后，说："对不起，我以后不会再犯了。"

王海说到做到，在以后的工作中，真的再也没有迟到。而他的工作成绩也正如领导所言，比以前好了许多，为企业创造了更多的成绩。在年度评比中，领导笑着给他颁发了"优秀员工"的荣誉奖章。

王海为什么能够成为优秀的员工呢？因为他做到了恪守纪律。他能够遵守公司时间的规定，所以他能够更好地为企业创造更多的财富，由于他将时间恪守到位，他的工作能力也得到了提升，他的工作成绩也相应地上升了。工作能力提升、工作成绩上升、为企业创造更多的财富，三者都拥有了，自然也就成了企业的优秀员工。当然，王海的成功更离不开领导的教诲，因为是领导的教诲让他明白了恪守纪律的重要性。

要想成为企业的优秀员工，就要拥有恪守纪律的意识和态度，要清楚

服从就是恪守纪律，只有做到了服从，才能让自己变得更加优越，才能让自己为企业创造更多的财富，成为企业中不可或缺的优秀员工。员工要学会用绝对服从去赢得领导的信任。

【职场感悟】

我们在职场工作时，总是要遵守各种各样的纪律。能否做到恪守纪律是我们能否成为企业中不可或缺的优秀员工的根本要求。优秀的员工都会做到恪守纪律。因为他们知道，服从就是恪守纪律，恪守纪律就能让自己变得更加卓越，让自己成为企业中不可或缺的优秀员工。而那些无法恪守纪律的员工，是无法成为优秀员工的。

3 坚决消除对立情绪，做一个认真服从的好员工

当我们脱离父母的怀抱，脱离学校的学习，为了承担起生活的重担而进入到职场工作时，也就意味着我们进入了一个全新的环境，身份也发生了改变。当我们进入到职场工作时，就会有领导来对我们进行指导。

我们进入到职场工作时，都会有一个基本的思想，那就是受到领导的青睐、成为企业中不可或缺的优秀员工。但是我们又会对成为优秀员工的条件时常产生怀疑，认为自己的能力优秀、经验丰富，为什么还是不能成为企业中的优秀员工。其实，真正的优秀员工并不仅仅需要丰富的经验和优秀的能力，更需要服从指挥。

员工在工作时，要对上级领导指派的任务做到服从，不能有与领导对立的情绪。如果员工怀着与领导对立的情绪工作，那么这项工作是做不好的。因为怀着对立的消极情绪，员工在工作时就会产生消极的心理，不会去认认真真地工作。所以，想要成为企业中的优秀员工、得到领导的青睐,就要做到坚决消除对立的情绪,做一个认真服从的好员工。

张杨是一家大型服装设计公司的员工,因为在自己最喜欢的岗位工作,所以即使每天早出晚归,他也乐得其所。

但是最近,张杨却是一脸的忧愁和不乐意,工作上也出现了许多问题,工作成绩一日不如一日。

对于张杨这样的原因,许多员工都十分清楚。但是至于如何安慰他好好工作,却谁也不知道。

原来,张杨在工作时突发奇想,对衣服的设计制定出了另一种方案,他高兴地将自己的方案拿去给领导看,领导看到后,当时便拒绝了他,并让他以工作为重。

张杨心理纳闷了:“不是说要学会提建议吗?我提的建议多好,为什么领导不采用呢?”张杨心中的这个问号越来越大,最终他认为是领导不想给他提升的机会。于是开始在工作中与领导处处作对。领导让他制作这种衣服,他偏偏制作成另外一种衣服;领导让他给衣服上白色的料,他偏偏上成了黑色的料。就这样,张杨一边与领导“针锋相对”,一边漫不经心地工作。

但是说也奇怪,领导对于张杨的做法却并不生气,只是一直将他叫到办公室语重心长地进行教导,但是张杨却听不下去。他的心中只有一个想法:你不采用我的方案,我就不给你好好工作。

这不,事情闹大了。有一位客户预订了五十套黑白相间的衬衫。领导接到订单后,急忙催促员工赶快制作。但是张杨却认为,这是证明自己的想法没有错误的大好机会,于是他便将原料全部用在制订自己的衣服上面。结果验货时,其他员工都将衬衫交到了领导的手里,除了张杨。

领导很奇怪:“按照常理,这小子应该是第一个交货的才对,为什么这次却迟迟没有交货?”为了弄清这个原因,领导找到了张杨,却发现他坐在那里,手中握着一件根本不是客户需要的衬衫。

领导看到后,问道:“张杨,你的工作呢?”

张杨听见领导的回答后,低着头,嗫嚅地说:“对不起,我完成不了了。”

领导听见张杨的话,再看了看他手中拿的衣服。说道:“这回,你知道我为什么拒绝你的提议了吧。”

领导的这句话说得不明所以,但是张杨却清楚地知道这句话的含义。

原来,张杨的提议方案确实十分不错,但是却需要消耗掉许多原料,领导考虑到最近原料的紧缺问题,故而拒绝了张杨的提议。但是张杨却误认为,领导是不给他机会,于是产生了对立的心理,不正经进行工作。这次,不管是对领导、对企业还是对张杨自己来说,无疑是个巨大的打击。

张杨抬起头,看着领导,半天才说:“对不起,我不应该自私的,害的公司没有办法交货。”

领导走过去,拍了拍他的肩膀,说:“其实,这件事情我们都有责任,如果我当初就将原因告诉你,也就不会造成今日这样的误会。而你的责任就是你没有尽到你应该尽的义务。”

张杨抬头不解地看着领导:“我没有尽到我应该尽的义务?”

领导笑着说:“那就是消除与我之间的对立误会,让你为自己去工作。其实你们每一个人,都不是在为我工作,也不是在为公司工作,而是在为自己工作。”

张杨听了领导的话,心中更加惭愧了。他嗫嚅地问:“那么现在这批货物……”

领导笑着说:“没办法了,就说原料用完了,稍微推后几天吧。”

张杨听到后,没有再说什么,因为他知道,已经没有必要再说什么了。

在原料来后的几天里,张杨积极按照领导的要求,认真仔细、勤奋努力地工作,不仅将工作完成,甚至比之前做的那批衬衫更优良。之后,公司得到了越来越多的客户关注。

张杨是位优秀的员工,因为他能够做到在认清自己错误后,放下与领导的对立误会,去积极努力地工作,为领导、为公司,甚至是为自己创造出更多的财富。消除了对立的情绪,他的工作能力自然得到了提升。因为他为公司创造了更多的财富,他也自然成了优秀的员工。

员工在工作时,一定要消除对立的情绪,清楚地认识到我们不仅仅是为领导、为公司工作,更是为自己工作。优秀的员工都是会消除对立情绪的员工,因为他们知道,只有消除对立情绪,才能让自己更好地工作,才能让自己更好地服从指挥,才能让自己更快地成为优秀的员工。

【职场感悟】

我们在职场工作时,总是会与领导磕磕碰碰,如何处理与领导之间的矛盾,是我们在职场工作中面临的一个巨大问题。许多优秀员工的经验告诉我们:要想成为优秀的员工,就要消除对立的矛盾,消除与领导和其他员工的矛盾,成为一个服从的员工。

4 服从就是从自律到自觉

人生需要经过出生、成长、学习、工作、衰老等几个步骤,而其中最重要的一个步骤就是工作。当我们从学校的大门欢呼雀跃地离开时,我们要扛起肩上生活的重担。为了生活,我们必须要迈步进入到职场工作。而职场不同于学校,可以让我们"肆无忌惮",即使是学校也会有相应的校规,所以我们在职场工作的时候,要学会服从。

所谓服从,并不是指对一切事物都必须严格完成,也并不是说领导吩咐了,才去完成。服从是一项应该自觉遵守的义务。我们想要做到服从,就要明白我们究竟为谁工作。其实我们并不是为领导工作,也不是为企业工作,而是为了自己而工作。而想要做到自觉服从,就要先学会自律。

优秀的员工都能做到自律,因为这是自觉服从的基本。一个员工,如果连基本的自律都做不到,那么势必不可能做到自觉。因为没有自律的意识,他们在工作时,就会时不时地忘记纪律的存在,又怎么能做到自觉服从呢?

在一家大型电子零件制造厂内,朝阳一直在叹着气,这已经是他连续第十天不停地叹气了。许多和他在一起工作的同事每次一见到他一副眉头紧锁的样子,总是会想各种办法来让他开心。这次也不例外。

和他在一起工作多年的好朋友王超看见后,开玩笑地说:“朝阳在工作时哪都好,就是太过于较真了。现在咱们只需要完成工作而已,为什么还要这么纠结啊?”

朝阳听完后,摇了摇头,说:“我不是为了工作完不成而犯愁,我是在想如何才能在更短的时间内去将这些工作完成得更好。终日只是为了完成工作而工作,而不能更好地去完成工作,没有一点进步,又有什么意义呢?”

王超听完后,笑着说:“这不是我们该管的事情,我们只要完成工作就好,至于做得好不好,那是领导的事情了。别再自寻烦恼了。这样反而做不好工作。”

朝阳听完后,摇头说:“不对,我们如果不能够考虑如何更好地工作,那么我们的工作就变得毫无意义。如果我们只是为了完成工作而工作,那么我们根本无法成长。所以,我们要成长起来,要懂得我们是为自己工作的。”

王超听见朝阳的话后,也就没有多说什么。他知道朝阳一旦确定了某件事,无论谁也改变不了他的决定。

朝阳决定了更好地工作后,在工作时更加废寝忘食,每日里除了完成公司下达的任务,满脑子都在考虑如何能让自己变得更加优秀。

通过不断的努力工作,他终于发现了一点:在进行这项工作时,只需要将一个步骤优化,这样不仅能够让工作变得更为简单便捷,更能够增强这个零件的实用性。于是他开始千方百计地去对这个零件进行研究和改造。经过不懈的努力,他终于证明了这个想法的可行性。于是他开始欢呼雀跃,紧锁的眉头也变得舒展开来。

王超看到朝阳的工作后，笑着说："看样子，你还真的做到了。对了，赶快去和领导说一声吧，让我们也体验一下你智慧的结晶。"

朝阳一听，急忙跑到了领导的办公室。

在领导的办公室内，朝阳一边兴高采烈地说着自己的计划，一边手舞足蹈地演示给领导看这个计划的可行性。领导越听越开心，最后终于决定采用他的这个建议。

这个方案被实施后，许多员工的工作效率变得越来越高。并不是说领导下达的工作任务越来越多，而是许多员工都开始自发地在完成任务后去申请新的工作。

这个提议被采用后，许多员工的工作任务完成得越来越快，也越来越好。因为员工们的工作状态变好，所以他们更能够积极努力地工作，更能够发挥出自己的才能。企业也因为这个办法的推出，效益越来越好。

在年底评比中，领导笑着说："你们今年的表现我很满意，你们每一个人都能够成为优秀的员工，但是今年的优秀员工我却只给一个人，那就是朝阳。至于原因，我想大家都是很清楚的。"

朝阳之所以能够成为优秀的员工，原因就在于他能够自觉地做到将工作完成得更好。因为朝阳有为自己工作的思想意识，所以他能够自觉、更好地工作。因为他的这种自觉性，让他找到了突破点，自然就能更好地为企业工作。因为自觉更好的工作，他自身的能力也得到了提升，为企业创造出了更多的财富。那么朝阳被老板评比为优秀的员工，也就是理所当然的。

要想成为优秀员工，就要有自觉的工作意识。因为只有做到自觉地服从领导安排、服从工作，才有可能让自己寻找到工作中的突破点，让自己变得更加优秀，让自己为企业创造更多的财富。

【职场感悟】

员工在职场工作时，要做到服从领导的命令、服从工作。要想做到服从，就要有自觉服从的思想意识和工作态度。而想要做到自觉服从，就要先学会自律。许多优秀员工的成功经验告诉我们：服从就是从自律到自觉。如果员工做到了自觉服从，那么离成为一名优秀员工也就不遥远了。

第十章 高效执行:做高效执行的“代言人”,日事日清

说到不如做到,要做就做最好。但凡成功的职场中人,都是一个懂得执行的人,他们不仅会有效地管理时间,更会严于律己,将一切梦想变为切实的行动。这也就告诉我们,说到做不到的员工不可能在职场中翻云覆雨,也不可能成为职场中的标杆。我们要想赢得一席之地,要想在职场中创造自己的奇迹,唯有高效执行,用行动来证明一切。

1

高效执行需要不断自我激励

身在职场,每个人都想尽情展现自己的才华,都想成为职场中的"牛人"。我们怀揣着美丽的梦走进职场,憧憬着一路上的美丽景色。然而,这条成长的道路并非一帆风顺,它到处充满着艰辛和坎坷,很多员工因为胆怯半途而废,还有的员工因为不能高效的执行成为这场战斗中的输家。正是因为这样,很多身在职场的员工发出这样的感慨:在职场中创造奇迹是"牛人"的表现,我们这些平庸之辈是不可能实现的,只要每个月有一定的薪水拿,我们就心满意足了。

难道真的像那些"平庸之辈"说的那样,我们无法在职场中谋得自身的立足之地吗?其实并非如此,潜能开发大师陈安之老师说过,每个人的潜力都是无穷的,这也就证明每个人都是"牛人",只是还没有将自身的潜质开发而已。

在职场中,我们总会遇到这样的情况,当自己接触一项新任务,而且是自己以前从来没有接触的项目时,恐惧心理便会油然而生;当我们身边出现一个能力比自己高出很多的同事时,我们在工作的时候就会畏首畏尾、失去以往的自信。其实,要想消除心中的恐惧和不自信,方法很简单,只要我们学会自我激励,给予自己足够的信心,我们就可以在职场中大步前行。

每当读到海子的《面朝大海,春暖花开》,心中就会坦然得如一块明镜;每当读路遥的《平凡的世界》,心中就会激荡起另一片涟漪;每当读郭敬明的《花落知多少》,心中也会出现些许的伤感……陆小曼就是这样一个女孩儿,她喜欢读书,喜欢写作,喜欢跟随作者的思绪四处飘摇。

终于有一天,陆小曼决定冲出读者的围墙,用自身的文字感染读者。说干就干,陆小曼来到了梦寐以求的城市北京,开始寻找自己的梦想——跻身于作家的行列。

但是,一切并没有陆小曼想的那样简单,要想成为一名真正的作家,不仅需要独特的文笔,更需要广阔的人脉。认识到这一点,陆小曼决定从头开始,她在一家出版社找了一份编辑的工作。

对于初入职场的陆小曼来讲,这是自己人生的第一步,她心中有喜悦,也有胆怯。身为一名高中毕业的学生,要想在职场中站住脚跟,确实让陆小曼感到莫大的压力,她不敢面对这个全新的工作。但是,机会是靠自己去创造的,陆小曼在心中默默地告诉自己:"我要成为一名作家,我一定可以做得到,我相信我是最棒的。"说罢,便踏上去公司的路。

那天,她刚刚来到公司,编辑部的主管就把她叫到办公室,把工作总任务给她分配了一下:"你今天先试着把这个简单的稿子写一下,也就是四千字左右,给你一天的时间。王晶是我们编辑部的模范,你有什么问题可以直接问她。"

陆小曼看到稿子的标题"乐在工作",她不禁冒了一身冷汗:我从来没有工作过,更没有写过什么稿子,这要怎么写啊?我写不出来怎么办?陆小曼心中滋生出太多的恐惧,但是想想自己的"作家梦",她不能放弃,于是她一遍遍地告诉自己:"我要加油,凡事都有第一次,我是最棒的,我一定可以做得很好。"

在接下来的时间里,陆小曼不断地在网上寻找资料,还谦虚地询问同事写稿件的宗旨。一天下来,陆小曼不仅完成了工作,还学到了很多东西。之后只要自己心中出现胆怯的心理,就会不断地告诉自己"我是最棒的",事实证明陆小曼确实是"最棒的"。她在短短两个月的时间学到了很多东西,从一名一无所知的"高中写手",成为了编辑部的真正编辑。

相信陆小曼在"我是最棒的"激励中,定能实现她的"作家梦"。虽然她仅仅是一名高中毕业的员工,但为了心中的梦想,她不断地自我激励,在工作中创造了自己的奇迹。

我们可以试想,如果陆小曼在初入职场的时候,不懂得自我激励,任由恐惧心理在心中肆意蔓延;如果陆小曼在接到任务的时候,不懂得自我激励,让不自信在脑中穿梭。那么,她可能在短短两个月的时间成为真正的写手吗?答案是否定的,恐惧和不自信会扼杀她的梦想,使梦想化为灰烬。

这也就告诉我们,身在职场,我们看似平凡,内心却有一团隐形的烈火。我们要想提高自身的执行能力,要想在职场中英姿飒爽,开创一片蓝天,首先就要将这团隐形的烈火点着。那么,我们要怎样才能扔进一个火苗,让这星星之火,去点燃整片草原呢?答案很简单,只要我们在面临困难的时候不被困难吓跑,学会自我激励,我们就可以成为职场中的巨人,就可以提高执行,将工作做好,成为职场中的标杆。

【职场感悟】

自我激励不仅能给予我们足够的信心,还能驱赶职场中出现的恐惧心理。它是我们工作的催化剂,是职场中获得成功的助推器。有了自我激励,执行就会变得高效,有了自我激励,激情就会变得高昂。身为员工,要想在职场中获得立足之地,要想在职场中创造奇迹,让自己成为职场"牛人",我们就要学会自我激励。

2 管理好时间才会让执行更高效

"不知道怎么回事,每天都有做不完的工作,感觉好累啊。"

"工作压力真的好大,每天回家之后还想着工作,总感觉工作时间根本不够用。"

"为什么每天都这么烦呢？生活上没有条理，工作更是一塌糊涂，今天我还被领导批评了。"

……

相信很多职场中人都有过这样的感受，或者感到工作中的时间不够用，自己忙得焦头烂额，却依然没有将工作做好；或者感觉生活和工作混在一起了，身心备感憔悴。这不由得让我们沉思，究竟是什么拖累了职场中人的心？

其实，造成这种现象的原因很简单，那就是员工在工作的过程中不懂得管理自己的时间，也不知道自己什么时间该做什么事情。这样一来，他们就会感觉时间不够用，每天都很忙，最后却不知道忙些什么。

细心观察周围的人和事，我们就会发现，很多职场"牛人"都是时间管理高手。他们从来不会让自己盲目地忙，时间在他们的手中就是一个棋子，放在哪里的决定权完全在他们手中。

这也就告诉我们，不管在任何时候，不管做什么事情，我们都要学会管理自己的时间，明确自身在什么时间做什么事情。只有这样，我们才能够让自身的"忙"体现出一定的价值，让执行更加高效——唯有高效的执行才能带来优秀的工作成果。

从事财务工作已经快一年了，这一年对于林涵来讲，似乎没有太大的收获，工作的压力让她从原来的120斤瘦到了现在的90斤。父母多次提出让她换一个工作，不要给自己太大压力，但林涵总是沉默不语。因为林涵不想放弃自己的梦想——成为一名著名的会计师。林涵喜欢数学，喜欢与密密麻麻的数字打交道，大学毕业后她选择了在这家会计事务所上班。

刚刚上班的时候，林涵激情非常高，虽然每天有很多工作都做不完，但是林涵从来没有烦恼过，她总是告诉自己：我刚刚做这个工作，进度有点慢是很正常的。所以，她每天还是非常开心的加班，努力将工作做完。

但是，两个月之后，林涵差点就崩溃了。那时候临近年末，会计事务所所有的员工都进入了忙碌的状态，林涵也不例外，她负责对出纳人员的日记账进行审核，并把报表做出来。这是林涵工作以来接触的最"重大"的工作，她不禁心生胆怯，束手无策。想丢掉工作,提前回家过年,但想想父母的那句“在外要争气”,她怎么可以半途而废?

无奈之下,林涵也只好投入到这些繁杂的工作中,她每天天不亮就起床,起床后立刻就投入工作,工作一个多小时就开始向公司赶,刚到公司就投入工作,晚上回家也顾不上吃饭。但是,三天下来,她依然没有完成领导规定的工作,最后还是在同事的帮助下完成的。

这次的事情让林涵非常沮丧:我工作已经很认真了,但为什么就是做不好呢?难道是我工作还不够认真?但是,她真的不想放弃。从那以后,林涵在工作中更加卖力,但还是很难按照领导的吩咐保质保量地完成本职工作。领导看林涵工作这样认真,似乎有很大的潜力,也就没有要辞退她的想法。但是,对于现在的林涵来讲,她真的已经筋疲力尽了。

林涵之所以会对工作束手无策,之所以会筋疲力尽,最主要的原因就是她不懂得合理分配自己的时间,不懂得高效的时间管理是高效执行的助推器。这是很多职场“菜鸟”经常犯的错误,也是很多职场中人烦恼的根源。

如果你现在还因为不懂得合理支配时间而被时间支配,如果你现在是职场中的“菜鸟”,如果你想在职场中打造自身的奇迹。那么,从现在开始,学着管理你的时间吧,让时间成为你手中的“棋子”,为你的执行提高效率。

(1)根据自身的工作制订工作计划

无论我们从事什么样的行业,每天都有不同的工作等着我们去做,要想将这些繁琐的工作做好,要想提高执行力。首先,我们就要学会制订工作计划,让一切工作掌控在我们的手中。

纵观我们的工作不难发现,那些每年被评为“优秀员工”的人,那些每年都拿年终奖的人,他们在工作的过程中都有自身的“章程”,他们懂得合理支配自己的时间。这也就向我们彰显了制订工作计划的重要性——制订工作计划才能让工作进程井然有序。

(2)分清工作的轻重缓急

很多员工在工作的过程中总是感觉工作繁多,将自己弄得头脑发胀。

造成这种现象的原因有很多,首先是他们不懂得制订工作计划,也分不清工作的轻重缓急。要想摆脱这样的烦恼,我们就要学会分析自己的工作,分清什么工作任务是必须完成的,什么工作任务是需要完成的,什么工作任务是可以推后的。只有对工作了如指掌,我们才能摆脱工作中的压力,才能不断地成长。

【职场感悟】

管理时间不是让我们将每天的 24 小时进行分秒的细化,而是让我们对每天的时间有个大体的合理地支配。只有这样,我们在工作中才不会白忙,才能达到高效执行的效果。否则,我们就会深感工作压力之大,甚至延误自己的工作,最后将自己推向职场的边缘。

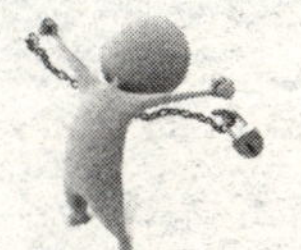

3 高效执行就是要“第一次就把事情做对”

每个人在工作的时候都会遇到一定的苦难,当遇到困难的时候,我们一定要抱着谦虚的态度,虚心向别人请教。如果我们一意孤行,用自身的错误观点去完成手中的工作,我们的执行就不可能达到高效,工作也不可能做好。

众所周知,如果我们在做事情的时候没有一次性做对,那么,之后就要花费一定的时间和精力去改正其中的错误,在改正错误的过程中,又会出现新的错误。也就是说,如果我们没有第一次就把事情做好,之后再想将原先的那件事情做到至善至美就有难度了。

这也就告诉身在职场中的每一名员工,在工作的过程中,不能因为时间的紧迫草草完成工作,也不要用自身的错误观点进行工作。这样做,只会让工作错误层出,只会让我们的工作拖延,甚至影响公司的整个流程。

所以说，身在职场，在面对自身的工作时，我们一定要时刻督促自己，“第一次就把事情做对”。

在大学的时候，蒋华伟的班主任就经常告诉他们：做事情就要一次性做对，不要等到“瓜熟蒂落再去弥补”，那样就会得不偿失。蒋华伟一直铭记着老师由衷的教诲，但是，身在职场的他却依然经常因为工作中的细小错误劳神劳心地修改。直到那天下午，蒋华伟才真正明白了“第一次就把事情做对”的真正含义。

蒋华伟是射手座，所以经常称自己是“天生的射手”，从来不喜欢别人干涉自己的行为，大学毕业后，他在一家网络公司找了一份工作，在设计部工作。

有一天，他在网上和一家餐厅的老板聊得非常投机，两人不仅谈工作，还谈到了各自的生活，晚上的时候，两人就相约一起吃饭。当蒋华伟来到约定的地点——那名老板的餐厅，他不禁暗暗自喜，自己遇到了一个“大财神”。

那名老板的餐厅非常漂亮，一看就是高端人士经常出入的地方，饭后之余，两人坐在一起。那老板不停地看服务员工作，蒋华伟情不自禁地说：“做老板真好，不用做事情，只需要动动嘴巴，动动脑子，别人就可以将事情做好。我想这才是成功者的生活，这才是做大事的风范。”

由于蒋华伟声音非常小，那老板并没有听到这些话，正在蒋华伟沉浸在“梦境”中的时候，老板突然大喊：“不对，你们赶紧过来，把前台和门口的花盆搬走，挪到其他地方。”“还有你们看，在摆花瓶的时候，要将印有我们餐厅名字的一面放在前面，给顾客留下深刻的印象。那个富贵竹摆的地方也不对，把卫生间的门都挡住了，顾客找不到卫生间怎么办?”说着，就开始指挥服务员工作，大家在忙碌了半个小时之后，终于达到了让老板满意的程度。

老板再左看右瞧，发现没有什么问题之后，突然意识到旁边还有一个蒋华伟，便不好意思地说：“很抱歉，让您久等了，我们去喝茶吧。”

喝茶的时候，蒋华伟实在按捺不住心中的疑问：“张总，你刚才似乎有点‘较真’啊。”

“这也是没办法的事情啊，一点做不到位，就可能导致重大的损失啊。其实做事情就是这样，我们做的是服务行业，必须时刻以顾客为中心。要知道，我这里的一点小失误，一点‘不到位’，到了顾客那里就成了大错误。所以我一直要求自己和员工做事情要‘一次性就做对’。”

“一次性就做对”，这句话让蒋华伟想起了自己的老师，也想起了老师说的那句“第一次就把事情做对”，蒋华伟不禁陷入了沉思。

但凡一个职场中的“牛人”，都是一个执行高效的人，他们在工作的时候总能做到“第一次把事情做对”。他们工作的时候态度非常认真，时刻为自己制定目标，制订工作计划，为的就是将事情百分百做到位——将事情一次性做对。

“第一次就把事情做对”是著名管理学家克劳士比提出的“零缺陷”理论中的精髓，它旨在告诉每一个人，无论做什么事情，都要保持高度认真的态度，要让自己第一次就把事情做对。

这样做不仅能避免我们在工作的过程中浪费更多的时间和精力，同时，还可以提高我们的执行力。这不仅是企业老板所期盼的，同时也是每一名职场中人走向成功的“法宝”，我们要想在职场中立于不败之地，要想打造属于自己的蓝天，我们就要“第一次把事情做对”。

我们不敢想象，一个无法保质保量地完成任务的员工能够赢得领导的认可，我们无法想象一个不能第一次把事情做对的员工能够在职场中“赢得民心”。如果你现在还是职场中的“菜鸟”，那么，不要紧张，也不要害怕，只要你保持“第一次就把事情做对”的风范，久而久之，你的执行就会达到高效，工作就会如鱼得水。

【职场感悟】

第一次就把事情做对，是职场中人必须具备的前提，更是职场“菜鸟”飞上枝头做凤凰的基石。只有做到了这一点，才能够保证执行的高效性，保证工作的完美性；只有这样，我们才能运筹帷幄，在最短的时间做更多的工作。

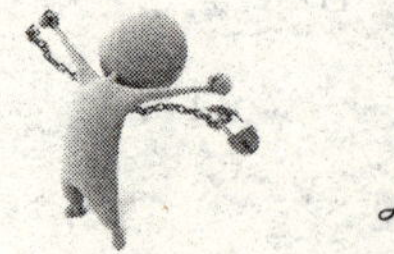

4

日事日清是高效执行的王道

身在职场，究竟有没有提高执行的王道？身在职场，究竟应该怎样对待自己的工作？

工作中，我们在不停地寻找，寻找一个能够提高执行的王道；工作中，我们在不停地穿梭，穿梭在繁琐的事情中。有的人找到了职场中的王道，他们走到了职场的最高峰；有的人则忙忙碌碌，一生都没有寻找到那个王道。没有寻找到王道的人数不胜数，那么，究竟什么才是职场中的王牌呢？

这个问题，对于那些在职场中摸爬滚打数十年依旧原地踏步的员工来讲，或许有一定的难度。但是，要是问那些走向职场上层阶段的员工，他们则会斩钉截铁地说：王道就是"日事日清"，有了它，你就可以在职场中翻云覆雨，有了它，你就能够走向职场的高端。

然而，在我们的工作中，却有很多人没有意识到这一点的重要性，他们习惯性地给自己"明日"，因为他们相信"明天会更好"。殊不知"明日复明日，明日何其多"，将工作拖延到"明天"，只会打破"明天会更好"的梦，只会让我们在职场中输得一败涂地。

沃尔玛是世界上著名的大型超市，它能够有今天的规模，得益于内部员工日事日清的工作态度。

那是一个周六的晚上，外面下着倾盆大雨，沃尔玛超市马上就要关门了，就在店员小冉收拾地面的时候，突然有一个中年人走了进来。他虽然顶着雨伞，但雨水还是无情地打湿了他的衣服，他急切地说："你们是不是也要关门了，我们家的水管坏了，我现在需要一个水管。我已经去过很多家超市了，但他们都以'马上要关门'，或者是说'没有这样的水管'为由拒绝了我，说让我明天再去买。但是没有水管，我们家就可能被水淹没了，哪里还能等得到明天啊。”

店员小冉听到这样的情况,马上安慰道:“您先不要急,您告诉我需要的是什么样的水管,我马上帮您找来。”那中年人就好像遇到大救星一样,赶忙将自己需要的水管大小告诉了店员小冉。

小冉在找寻了一遍之后,没有找到中年人需要的水管,虽然已经快十一点了,但看看中年人焦急的样子,小冉还是热情地说:“我们这里已经没有这样的水管了,不过您先不要急,我打电话给您问问其他店有没有。”

说着,小冉就拨通了电话,询问其他店里是否有这样的水管,起初屡遭拒绝,但在打第五个电话的时候,终于有了收获:在城市三环一家的超市有这样的水管,但是要到那里最少需要半个多小时。纵然如此,小冉还是带着那名中年人匆匆赶到了那家店,买到了需要的水管。当中年人拿到水管的那一刻,眼泪在他的眼中打转:“我从来没有遇到您这样好的店员,您真是好人啊,我代替我们全家感谢您。”

这样由衷的话并没有引起小冉的注意,因为她的心思根本不在这里,看着外面的大雨,她似乎很着急:“大哥,我们赶紧去您家吧,我打电话让我们店的修理工去给您把水管安上,免得您还要找人安,再说现在时间已经不早了,找人也是个问题啊。”说着两人就踏上了去中年人家的路。

那一夜,小冉他们忙到了凌晨三点,中年人极力要求小冉留下先休息一下,小冉却说:“不了,我明天还要上班呢,耽误了工作可不行啊。”之后,同事们都问她为什么那么傻,大半夜忙工作,小冉笑笑:“我不喜欢将工作拖到明天。”

十天后,小冉几乎将这件事情忘记了,但是那名中年人却忘不了小冉的“救命之恩”,他将一封答谢信交给了小冉,信的内容很简单,只有“谢谢”两个字。同时,里面还有一张机票,是飞往法国巴黎的。

在这简单的“谢谢”两字的背后其实蕴含着中年人言之不尽的感恩,蕴含着小冉人性的善良和对工作的高度认真。身在职场,我们同样也要学习小冉的工作态度,“今日事今日毕”,不要将今天的事情拖到明天。

虽然小冉只是一家超市的店员,但她的做法却是很多职场中人无法做到的,我们习惯将今天没有完成的工作留到明天,那么,试问一下,如果我们将今天未完成的工作留到明天去做,那么,明天无法完成的工作又留到什么时候做呢?后天?还是后天的后天?无论你留到哪一天,对你的工作都是不利的,唯有做到日事日清,我们才能快乐工作,体会工作的乐趣。

总而言之,无论你是初入职场,还是已经成为职场中“老人”,要想获得最后的胜利,要想达到高效的执行,就要学会日事日清。只有这样,你才算真正掌握了驰骋职场的王道,才能坚持不懈地走到职场的最高峰。

【职场感悟】

对于企业来讲,没有日事日清的执行,再好的策略也会功亏一篑;对于职场中人来讲,没有日事日清的工作态度,再美好的“职场梦”也会破碎。唯有从现在起,严格要求自己,努力做到日事日清。只有这样,“今天”和“明天”才会各司其职,我们才能让执行达到高效,才能将工作做到精益求精。

5 忙在点子上才能更高效

每当和朋友打电话的时候,我们总习惯于说:“忙什么呢?”每当和同事说话的时候我们也总忘不了问一句:“现在忙吗?”“忙”似乎已经成为了职场中人的口头禅,我们总是以忙为借口说自己没有时间休息,没有时间去享受工作和生活中的乐趣。那么,我们不妨扪心自问:我们忙在点子上了吗?我们的忙换来想要的结果了吗?

曾经有这样一个故事,说的是一群伐木工人走进森林去伐树,他们一进森林就开始伐树。当他们费尽心机将很大一片树木伐完之后,准备为各自获得的成就庆祝一番,但是,当他们抬头一看的时候,却发现旁边那片森林才是他们需要的。

职场中有很多员工都像这些伐树工人一样,匆忙得就像大自然中的蚂蚁,只知道一味地埋头苦干,对于前方的道路从来不在意。正是因为这样,很多职场中人在工作的时候总感觉自己的时间不够用,在这件事情还没有做完的时候,就着手去做另外一件事情,甚至同时去做好几件事情。他们本以为这样能够为自己节省很多时间,去做其他的工作。殊不知,这样做带来的结果却是输在工作,输在职场,碌碌无为、一无所获。

对于每一名从事平面设计工作的员工来讲,都希望有朝一日成为高级平面设计师。吴乐乐同样也抱着这样的想法,在工作中勤勤恳恳,为的就是实现心中的梦想。但是,吴乐乐在忙碌了近两年之后,依然只是一个频繁跳槽的平面设计员,每个月拿着两千多块钱的工资。

在别人看来,吴乐乐一直都非常的努力,对工作非常认真,只是大家对吴乐乐频繁跳槽有些不解。有一次,吴乐乐再次失业了,心情非常不好,她的好朋友韩林最后来陪她,并问她为什么老是辞职。吴乐乐很无奈地流下了眼泪:“韩林,为什么我工作这么认真,最后却连工作都做不好。我真的感觉好累,你说我该怎么办啊?”

韩林一看吴乐乐流泪了,也就不再多说什么,只等着吴乐乐倾吐心中的不快:

“就在前两天,领导把我叫到办公室说:‘乐乐,这几天咱们公司的业务非常繁忙,我打算将这五个设计交给你去做,你一直做事情都很认真,我相信你一定能够完成的。’

接到这样的任务,我心中真的有点害怕,我从来没有接到过这么繁重的任务,但是,领导既然给我了,我也不能推辞啊。所以就非常认真地工作,我早上一去公司就坐在那里,非常认真地工作,就连晚上回家后也不能好好休息,还是投入地工作,我甚至同时去做三个设计。

用了三天时间,我终于完成了任务,但是刚刚把设计图交给领导,领导就大发雷霆,说我的设计有严重的问题,让我重新去做。要知道这可是我用了三天时间完成的,我这么辛苦,他居然让我重新做。我真的累了,真的不想再这样工作了,你说,我这是怎么了啊?别人工作都是那样轻松快乐,但我始终体会不到工作中的乐趣。"

韩林是一家上市公司的管理人员,听吴乐乐这样说,她自然也明白了吴乐乐辞职的原因。她和善地说:"乐乐,你知道为什么你感觉累,感觉工作不开心吗?其实是你没有忙在点子上,而且在忙的时候,没有任何的准备工作,也没有任何计划。就像你说的这样,同时进行三个设计,你脑子能不乱吗?你啊,以后只要学会为自己制订合理的工作计划,你就会慢慢好起来的,其实工作是一件很开心的事情。"

听了韩林说的这一番话,吴乐乐终于恍然大悟。从那以后,她工作还是像以前那么认真,不同的是她学会了制订工作计划,她再也不"瞎忙"了。

西班牙智慧大师巴尔塔沙·格拉西安曾经说过这样的话:"不管做什么事情都不能太匆忙,否则就会在忙中出错,让工作追着跑。"这也就告诉我们,身在职场,不管从事什么工作,我们都要做好充足的准备,为自己的工作制订合理的工作计划。只有这样,我们才能让工作井然有序,才能让工作精益求精,当工作达到完美的时候,我们在职场中的地位自然也会升高。

当然,要想彻底摆脱"被工作追着跑"的局面,要想摆脱"瞎忙"的命运,首先我们就要认识到,究竟是什么原因导致"瞎忙"。

首先,目标不明确。明确的目标不仅能够让员工在工作的过程中条理清晰,运筹帷幄,还能让员工在工作的时候积累更多的经验。很多职场中人之所以感觉累,就是因为他们没有明确的目标,就像没有方向的帆船一样,摇摇摆摆,找不到前进的方向。

再次,工作三心二意。在工作的时候,很多人认识不到自己想要的结果是什么,也不知道自己为什么工作。所以,工作对他们来讲似乎可有可无,在工作的时候,他们总会想着其他他们看来比较重要的事情。

最后,太过追求完美。每个人都希望工作达到完美,都希望有自己的完

美人生。我们不可否认，完美是工作的最高境界，但在真正面对工作的时候，很多人忘记了工作的计划性，同时去做多件事情，最后手忙脚乱，无所收获。

知道了造成“瞎忙”的重要原因，我们需要的就是杜绝这些现象出现在我们的工作中。当这些不良的现象离我们而去的时候，我们就可以在职场中尽情遨游，享受工作中的无穷乐趣了。

【职场感悟】

“忙不在点子上”是工作的大敌，它会让我们在工作中迷失方向，让我们碌碌无为、一无所获。我们要想彻底摆脱“瞎忙”的命运，就要学会合理支配自己的时间，制订合理的工作计划。只有这样，我们才能成为职场中的“牛人”，在职场中英姿飒爽，在工作井然有序的同时收获更多的职场经验。

第十一章　飞跃创新:创新就是通往优秀的捷径

创新可以把一个一个的困难变成机会,让一个员工完成从平凡到优秀的转变。在知识经济时代下,企业想要生存下去就只有靠创新,一个员工要想自我价值最大化、要想在职场中获得成功也需要创新。所以,我们说创新是一种意识,更是一种方法,它让我们突破了自我的束缚、突破了习惯性思维的束缚,同时它也是顺利迈向成功的捷径。

1

工作贵在制胜创新

洛克菲勒说过这样一句话："要想得到成功,你就要在前进的道路上开辟一条新走法,不要去重复那些被人们已经走烂了的道路。"在职场中,任何一个员工想要在竞争激励的公司里站稳脚跟,都必须要有一种创新的意识。只有打破了惯性思维,不去走大家都觉得好走的那条路,把解决问题的办法更快更好地找出来,才能在工作中创造出很好的业绩,增强自己的竞争力,取得职业生涯的成功。

我们时常会在职场上看到这样一种现象:很多有经验的老员工辛辛苦苦、踏踏实实的工作了很多年,却依然只是一个部门的小小主管,有的甚至依旧是普通的员工。而那些刚踏进职场的菜鸟,却凭借着创新意识,对工作更有激情,对出现的问题更加的敏感,对自己信心十足,从而一步一步地踏上了成功的道路,迈进了公司的高管行列。于是我们知道了,成功是和创新紧紧联系在一起的,离开了创新这个源泉,成功就变得遥不可及了。

李嘉是武汉市一家销售安全玻璃公司的销售员,在他六年的销售生涯中,他的销售业绩一直是公司里面最好的,他也因此获得了无数的奖励。

在一次公司的年终大会上,他再一次因为第一名的销售业绩而获得了两千元的奖励。在他领奖的时候,主持人很好奇地问他是不是有什么独特的方法,能够让业绩一直在别人之上。李嘉回答道:"每次当我要去见客户时,我都会把几块安全玻璃和一把小锤子带在身上。当客户刚坐下来的时候,我就会问他:

‘你相信有一种安全玻璃吗?’大多数的客户都会在第一时间说他们不相信,这时,我就把带的玻璃放在他们面前,然后拿起旁边的锤子去敲打玻璃。当他们发现玻璃真的没有破碎时,他们就会表现出一种惊讶的情绪。我刚好就将这样一种情绪抓住了,趁机问他们:你要买多少钱的?’就这样不到一分钟的时间,买卖就做成了。”

台下的其他同事都认真地听着李嘉的方法并且将它记了下来。他们想,李嘉把这样的秘籍讲了出来,也许我们就能在业绩上超越他了。从那以后,公司里其他的销售人员在出去见客户的时候,无一例外地都把安全玻璃和小锤子带在身上。他们原以为这下自己可以成为销售冠军,拿到奖励了。可是一段时间过后,他们却惊奇地发现销售业绩排在第一位的仍然是李嘉,所有人都感到非常的奇怪。

又是一年过去了,按照惯例,公司在年终大会上会对销售成绩第一的人进行奖励,还是李嘉上台。这时主持人帮所有人都问了一个他们百思不得其解的问题:“你在去年的这个时候,把自己的经验分享了出来,在这一年里,所有人都在做和你一样的事情,可为什么销售最好的还是你呢?”

李嘉谦虚地笑了笑,说:“当我去年在这里说完了自己的销售经验时,我就知道了公司的其他同事一定会模仿这个点子的,于是我在第二天就开始思考该怎么样去用一种新的方式和客户沟通。没想到,还真被我想了出来,那就是我见客户时,第一件事就是把玻璃直接放到他们的桌子上,然后问他们:‘你认为会有一种安全玻璃吗?’他们大多都会摇头,这时我就会把锤子交给他们,让他们自己来砸这块玻璃。”

不断地创新让李嘉在公司中始终保持了第一的销售业绩。这种创新改变了他的思路和方法,让他在公司中站稳了脚跟,获得了工作的成功。

在职场上打拼的人们都知道,每天上班如果只是重复性地去做工作,比如上网查资料、整理相同的文件等,就会让自己在不知不觉中形成一个惯性的思维和固定的做事方式,从而造成自己工作上的停滞不前。只有在每天这些重复的工作中懂得去反思,敢于用一些新的办法,才能在工作中有所收获,成为一个成功的职场者。

虽然前面说的道理可能大多数的人都非常清楚,可现实却是,依然有不少的员工在自己的工作岗位上中规中矩、墨守成规,他们总是不敢去迈出创新的那一步,害怕失败的结果是自己不能承受的,所以他们抱着按部就班就是好的思想,在职场上得过且过着,殊不知这些人也许在过去的几十年里是可以被重用的人才,但在今天这个科技高度发展的时代,他们已经不能跟上公司的发展脚步了,也就和成功无缘了。

所以想要成为一个在工作中被老板欣赏、获得升职机会的员工,就应该在平常的工作中养成善于独立思考的习惯,不要随波逐流地去和别人一起沿用老路子,在既定的模式里迷失自己的方向,一定要清楚,职场中的人们处在同样的竞争环境下,也可能有着同样的资历,唯一不同的就是对待创新的勇气。拥有这样勇气的人,最终会拥有巨大的财富;那些缺乏创新勇气的人,就只能一生都碌碌无为地工作。永远摆脱不了被别人领导的命运。

【职场感悟】

职场需要的是一个能够创新的优秀员工,当你用新的思路、新的方法探索工作的时候,成功也就在向你招手了。获得成功其实不需要有什么样的秘籍,也不需要你去做多大的努力,就是那么一个简简单单的创意、一个简简单单的意见,就能为你的职业生涯打下一个坚不可摧的基础。

2 创新型员工能为企业带来更大的效益

我们时时刻刻都在提着这样的一条概念,一个国家和民族进步的不竭动力是创新,一个企业核心竞争力的源泉也是创新。而企业的创新靠

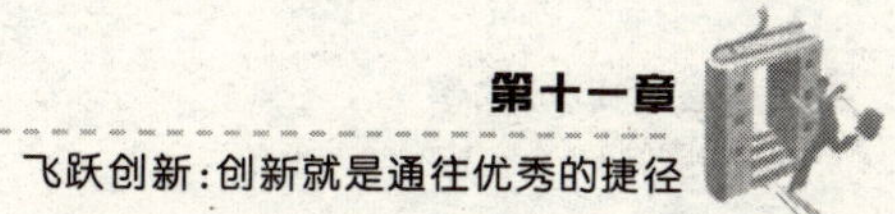

的又是什么呢?答案是显而易见的,靠的是具有创新精神的员工,他们在职场中时刻都保持着敏锐的商业嗅觉,在激烈的市场竞争中用改革的方法去不断推出新产品和新服务,让企业在同行中取得先机、得到长足的发展。

现在很多企业都积极地调整着自身的发展方向,他们主动把重点放在了对员工的创新要求上,希望借此来努力增强企业的竞争力,获得非常有力的竞争优势。因为只有先进的技术是不够的,还需要有创新型的员工才能使企业产生惊人的创新力量。

员工任何一个好创意,都可能让一个面临破产危机的企业有起死回生的机会,让一个刚成立的小公司深入人们心中,也能让一个知名的公司扩大自己的经营规模、再一次创造商业神话。基于此,创意也就成了一个员工是否可以得到晋升机会的重要标准。那些没有自己的创意、只知道规规矩矩做事的员工,他们没有办法为公司带来良好的效益,自然也就成了公司领导眼中的"钉"。

宁波有一家大型的牙膏生产公司,其生产的牙膏在牙齿的美白上效果显著,牙膏的外包装也十分的精良,所以这款牙膏很受消费者的喜爱,在市场上占有很大的份额。公司的营业额也连着好几年都在递增,并且每年的增长率都在15%左右,可是到了第五年,公司的业绩开始停滞下来了,第六年也是如此,维持着和前两年相同的数字。公司总经理很是着急,他马上召开了员工大会,希望员工们可以集思广益,想出一个好的销售方案,提升公司的业绩。

总经理在会上说:"虽然我没有直接领导你们,可是你们每一个人的能力我都是有所了解的。这次公司遇到了难题,需要我们大家齐心协力来解决。你们有什么好的意见和方法就提出来,如果能让公司业绩增长,我就给他加工资或者升职。"会议结束后,每个员工都回去起草了一份销售计划,并且交给了总经理。

于雷是公司的老员工了,他凭借自己的工作经验,写出的计划非常地详细:在目前来看,公司还是应该在代理商方面下工夫,继续招募各中小城市的代理商。可以说这是一份专业、完美的销售计划。

陈海应该算是公司里学历最高的员工了，他在计划中认为公司可以向安利学习，以发展直销为主，大量招聘有经验的直销业务员，扩大影响。

总经理又翻了翻其他的计划书，突然，他被一份计划给吸引住了，写这份计划的人叫郭亮，总经理对这个小伙子还是有一定了解的，他学历虽然不高，工作时间也才两三年，可却肯钻研，在公司里是出了名的“学习机”。只见他的计划书上写着：作为一名年轻的员工，我没有什么详细的计划，我只是觉得以我自己刷牙的习惯来看，应该把牙膏管的开口扩大1mm。

总经理看后立马跳了起来，是啊，所有人在刷牙的时候都习惯挤出相同长度的牙膏，如果把牙膏的开口扩大，久而久之牙膏将多出多少倍的消费量啊。他马上向公司的研发部门传达了这个方案，并且找到财务部门给郭亮加了薪水。

研发部门拿到这个方案后，立刻开始更换了包装。在第七年的时候，公司的营业额终于比之前翻了两番。提出这个想法的郭亮也成为公司的重点培育对象，并且已经准备将他调任研发部的副部长了。

就是这样一个小小的创意，把公司业绩不好的问题给解决了。于雷和陈海虽然工作经验丰富，学历又高，但是他们在创新方面却非常的欠缺，公司的发展显然是不能离开创新的。郭亮虽然没有骄人的学历，但他在遇到问题时，敢于去大胆地创新，去走别人没有走过的路，这样的创新，让他在公司的发展上能够有所贡献，所以成了公司的领导者。

可能你会说，我只是公司的一名小小的员工，我的工作是非常普通的，有没有创新精神对于公司来说都是一样的。如果你有这样的想法，那就大错特错了。一个公司是由无数的像你这样普通的工作人员组成的，毕竟领导者只有那么几个，如果每个人都在自己平凡的岗位上用所创新，那加在一起就是一股非常大的力量。哪怕是再小的一个职位，再不起眼的一个工作，把它放到整个公司发展的全局来看，也是一个不容小觑的部分。

我们都处在一个知识经济的时代里，有创新意识的员工与传统的实干型员工带给企业的效益是有很大差异的,前者明显比后者要大得多。一个企业要想快速地步入发展的正轨,就要有大量的创新型员工,这既是能够提高企业竞争力的关键,也是这个时代的要求。

一个优秀的员工,会在企业陷入困境的时候主动以主人翁的身份去为企业分担忧愁,为企业的发展贡献出自己的力量。而当企业有了一定的发展后,就会反过来去回馈这些有创新意识的员工。请记住:职场中展现出来的创新是企业发展所必要的条件,更是个人职业生涯成功的必要条件。

【职场感悟】

员工作为企业最重要的组成部分,对企业发展的影响是非常巨大的。一个优秀的拥有创意的员工,会在企业的任何一个岗位上发挥出自己的能力,为企业的持续发展添砖加瓦。没有一个企业不喜欢有创意的员工,没有一个企业不重用有创意的员工。创意是员工的生命线,也是一个企业的生命线。

3

不做问题的挑剔者,只做问题的解决者

现代企业面临着巨大的生存压力,如何来解决这一问题呢?靠领导?靠技术?其实所有的一切都基于员工的素质,我们说,一个好的有创新精神的员工就能帮助企业创造出巨大的财富,而创新的秘籍又在于员工发现问题、解决问题的能力。

职场上的任何一个人想要得到领导的赏识、想要获得晋升的机会,就必须要在自己的工作岗位上做出点成就,让领导看到自己的能力。这种成就也许就来自于你对某一项工作的创新,你把遇到的问题变成了一个刺激自己发现更高境界的推动力，在任何困难面前都能处变不惊、积极地用自己的知识和能力去寻找一个新的解决办法。给领导留下了一个善于用自己的能力去分析问题并且很好地解决问题的印象。

任何一个企业的领导者都希望自己企业里的员工能够在工作中不是去挑剔问题而是积极的解决问题。只有当员工为企业创造出巨大的财富时，企业才会给员工最大的机会。如果你在工作中一味地去挑剔问题，而不是妥善地解决问题，那你工作的压力就会很大，你也就没有办法去进行创新了，这可能也是你职业生涯最大的不幸。

李文是广州一家大型化妆品公司的总经理助理，26岁的她非常聪明能干，也因此深受上司的重视。因为公司做的是化妆品，所以总经理需要经常到外地去考察市场或是跟进一些原料的采购，因而公司里很多重要的事情都要李文去跟进和处理。一开始，李文总是可以非常圆满地完成工作，可是渐渐地，总经理发现自己在走之前就交给李文的工作，往往在他出差后也没有多大的进展。

总经理实在很诧异这样的一种变化，他将李文叫进办公室仔细询问原因，李文刚听完总经理的话就马上开始发牢骚了，她一方面跟经理说着自己有多么的辛苦，另一方面却不断地在抱怨着公司里的其他同事：“怎么找了这么笨的一个人做文秘啊，让她起草一份最简单的文件都做不好，白白耽误了我们这么多的时间。”“市场部员工都需要加强沟通能力的培训了，在和客户交流的时候话都说不清楚，这样的人客户能满意吗？”“每次你给的时间就这么一点点，我要负责的东西实在太多了，想着放手让下面的人去做吧，又怕他们给搞砸了，可是我一个人哪有那么大的精力啊”……

总经理静静地听李文说完后，非常严肃地看着她说：“你既然在工作中已经发现问题的存在了，那你有没有想过用什么方法去解决这些问题呢？”

李文很淡定地看着她的上司，然后说了一句让上司吃惊的话：“我觉得问题的关键就是在某些员工身上，他们的能力实在是太差了，要想提高工作效率就必须开除他们，让一些有能力的人来做这份工作。”

总经理摇了摇头说:“我不认为这些员工是没有能力的人,你看,他们大多是刚进公司,对公司的业务还不熟悉,这都只是暂时的。作为公司的老员工,我们应该在平常的工作中多帮帮他们,主动去解决遇到的问题,而不是去把问题归到他们身上。”

这次谈话以后,李文依旧没有听进上司的话,在工作中仍然是挑着各种各样的毛病,总经理为此特意又找她交谈了几次,给她提了很多的建议,可是效果依然是微乎其微。终于在一个月后,总经理炒人了,可是被炒的不是那些没有能力的员工,而是他自己的助理李文。

李文在工作中是有能力的,她能够在第一时间看到别人做得不足的地方,能够在工作中发现问题,可是她却没有凭自己的能力去解决这些问题,而是去挑剔别人的错误,让自己尽量地逃避问题,这样的做法也就使得她失去了工作的机会。

在职场中,我们常常会遇到各种各样的问题,当它们向我们走来时,我们要用一种平常的心态和它们打招呼:“你好,问题先生。”这样一个积极的心态可以看出一个员工的敬业精神,可以看出一个员工的创新意识。问题来了,你最先要做的就是想办法怎么去解决它,而不是想方设法地去逃避它。把自己的脑筋开动起来,用不同的方法去应付,让自己避免在陷入职场困境的同时也能提升在职场中的竞争力,赢得更多成功的机会。

不去挑剔问题只是做好了一半,实际上,这仅仅只是个开始而已。在一个企业里可能大家都有一样去发现问题的能力,可是,真正要解决起来就非常地困难了。惰的本性,总是希望沿着一个老路子去轻松地完成任务,在问题面前都希望别人去解决,自己好靠着大树乘凉。这样的惰性,也就决定了员工不去创新,也就注定了他们职业的失败。

由此可见,创新不是一个在嘴上说说就能办到的事,它需要员工有一个非常清晰的对待问题的态度。职场中那些凭借着自己的经验、自己的聪明以及良好教育的人对问题不断地挑剔着,或者干脆视而不见。这都阻碍了他们自己成功的步伐。要知道,这些问题看似很小威力却巨大,采取回避的态度只能造成自己的故步自封,抑制自己的主观能动性。

【职场感悟】

想要创新,首先要做的就是知道怎么去解决问题,而不是去挑剔问题。当别人都踏着同样的步伐前进的时候,你是不是应该要有一个不走寻常路的想法呢?问题摆在前面,实实在在,所有人都回避不了,拿出勇气,以一种舍我其谁的思想去探索问题的解决方法吧。

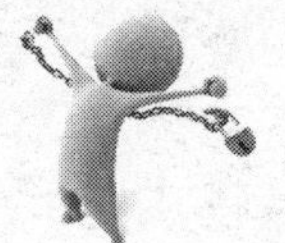

4

要成为优秀员工,就得主动创新

每个员工都想在职场上打拼出属于自己的一片天地来,可事实却是真正能成为优秀员工的人,少之又少。很多人都不知道怎么样去让自己成为公司信任的员工。他们在工作中总是一成不变,不懂得去创新,他们总是认为创新是那些只有高学历甚至是研究生、博士生才能做到的事情。自己作为一个普通的小员工,不具备创新的知识和能力。其实,创新并不是一件很困难的事情,每个人只要有那么一点的创新意识,就可以得到成功。佛祖说过一句话:“下下人有上上智,不可轻初学者。”意思就是即便是最下等的人也是有大智慧的。所以,要想成为一个优秀的员工,就要去主动创新,相信自己有那样一种能力。

一个优秀的员工,他不需要领导的督促和监督,就可以用积极的心态去主动创新,寻找一些对企业非常有用的创意,他们非常善于去抓住头脑里一闪而过的想法,他们其实也是在寻找着成功。

往往那些最有价值的发明,都源于一个员工的主动创新。或许你会说:“想要成功地去创新是不是非常困难啊?”事实并非如此。培根有句名言:“生活中不是缺少美,而是缺少发现。”我们可以将创新也换成这句话:员工们不是缺少创意,而是缺少想象。如果你只是守着一个老旧的思想而不去主动地跟随时代的步伐,那你也就无法成为一个优秀的员工,无法成为企业的支撑者了。

在我们还用木门的时代,有这样一个木匠,他每天总是非常认真地干活,造出来的门很有自己的风格,在保证结实的同时也特别地美观,这样的口碑让他在镇子上是无人不知,很多的地主都把他请去为自己家造门,当时的人们都以能请的到他而自豪。

有一天他出门的时候,忽然发现自己家的大门不知道从什么时候开始就已经面目全非了。他非常郁闷地说了一句:"我天天给别人家造门,为别人家的门是想尽了办法,可是却没想到自己家的门是如此的不堪,今天我要为自己家造一个全镇最好的门。"于是,他暂时关闭了铺子,在家里辛苦了数日弄出了一个非常漂亮的朱红大门。他想我这门一定会用得非常久,因为这是我耗费心血造的。

过了很久,门上的钉子锈了,有一个板给掉了下来,木匠把钉子补上了,门又好了。后来,又掉下了一个钉子,木匠又换上了一个钉子;一块门板坏了,木匠又换上了一块门板……就这样修修补补地过了很多年,这个门虽然说是破损了很多次,可是木匠也对它一次一次地精心修理,这个门仍然是坚固耐用的。木匠逢人就说,亏了自己的这门手艺,不然还真不知道要换多少门板呢。

可是有一天,一个邻居经过他们家时,看见这种情况,就进门找到他:"你是不是太保守了,作为一个木匠,你应该时时刻刻都要有一种创新的精神,要主动去研究新的手艺。可是你看看你们家这门,现在你该明白为什么这两年没有以前那么多的人请你造门了吧。"木匠扔下手中的活,跑到邻居家一看,这才发现邻居家早就换上了样式新颖、质地优良的大门,对比之下,自己家的门真的是又老又破。木匠顿时恍然大悟:原来自己的这门老手艺竟然是阻碍自己成功的关键因素啊。

这个故事告诉我们,像木匠这样只知道单纯地去认真做事而不去动脑子努力想新方法的人永远只是在机械地重复工作,不可能成为一个优秀的人。

其实，每个员工都有主动创新的能力，而且身边也有很多值得发现的好创意。但是，这些创意是需要你去想象和联想的，需要你去不断思考的，要想获得它就要具备一定的观察力和敏感性。当然，并不是只有天资聪明的人才能去提出创意，只要你有一种积极的心态，你能够主动地去探索，每个人都能做到。如果你没有一种积极的心态，整天只想着走别人的老路，不主动去想办法，那你的创意就会被扼杀。

做事情就要做别人想不到或是没有做过的，要敢于去走别人没有走过的路。真正有价值的创意是要能够主动地去独辟蹊径；要胆子大，敢于去想，敢于去冒险；想问题的时候要能抓住人们的心理，不畏惧失败。这些都能促使你在工作中去主动寻找新办法，获得事业上的成功，成为一个优秀的员工。

有句话是这样说的，无商不奸。乍一听，这是一句带有非常明显的贬义的话，可是你细细去品味的话，就可以发现隐藏在里面的另一个含义：所有的商人都很精明，他们对自己掌握的知识能够灵活地运用，让那些好的新的想法去帮他们赚取更多的钱财。同样的道理，优秀的员工只有充分地转动脑筋，主动地创新才能在职场中提升自我价值、获得工作的乐趣。

【职场感悟】

主观能动性在职场中有着不容忽视的作用，在创新的道路上，应该是自觉地，主动地，不要和别人比，不要去依赖别人，既然懂得了自己动手丰衣足食的道理，就要去努力地实践，没有哪一个总是喜欢躲在创新后面的人会成功的，优秀的员工也是不属于他们的。只有主动创新，才能带来职业的希望。

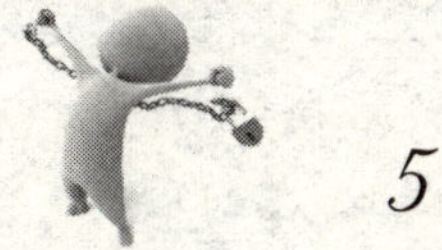

5 创新力有多强,竞争力就有多大

在当今这个经济高速发展的时代,一个企业能否继续生存或发展下去的关键因素是看这个企业有没有一些创新的东西、一些和别人不一样的东西。而在企业内部,每一个领导者都应该喜欢那些头脑里永远装满好想法的员工。所以,只知道跟着别人的步伐、缺少创新意识的员工在激烈的职场竞争中永远是其他人晋升的阶梯。

企业需要它的每一个员工都为它创造出最大的价值,这种价值的创造靠得也就是一个员工的创新能力。如果你不去创新,领导可能就看不到你的能力,看不到你在竞争中的优势。这就好比在战场上,如果你不敢开枪去打敌人,怎么可能会在战争中立功呢?如今的企业,最受领导青睐的是那些敢于冒险、敢于创新、不断地有自己新想法的员工。职场上一直有这样一种说法:主动创新的员工是最具竞争力的一流员工,被动创新的员工是竞争力一般的二流员工,拒绝创新的则是毫无竞争力的三流员工。

我想每个人应该都会选择去做主动创新的一流员工吧。在面对同样的竞争市场、同样的学历背景、同样的工作资历条件下,你的一点小小的创意就能够帮助你从众人中脱颖而出,成为竞争中的胜利者。第一步的成功,就在你的头脑里潜伏着,激发了创意的潜能,就是无限的财富。

随着近几年中国手工艺品在国外市场的不断走俏,越来越多的人加入了这个行业去淘金。业务的不断扩大也使得很多的公司开始出现了人员匮乏的状态,他们开始通过各种各样的招聘活动来挖掘人才,盛康公司就是其中的一家,也是这些招聘公司中规模比较大的一家。优厚的待遇、广阔的发展前途,这些条件吸引了无数求职者。

陈石是刚毕业的大学生,在学校学的是市场营销策划,这天正好盛康公司要招聘一位策划人员。陈石一大早就起床赶去了招聘现场，由于路程很远，陈石赶到的时候招聘会已经开始很久了，他从招聘负责人那里领到了一个“58号”的条子，站在门口，他发现前来应聘的人已经排了很长的队伍了，每个人都在耐心地等待着。

陈石走到了队伍的后面，也开始了静静地等候。不一会儿，他的身后又开始不断地有人加入，可是队伍的前面却丝毫不见有所动静。很快，一个小时过去了，陈石还是在之前的那个位置没有任何的移动。他开始想，这样等下去，不知道要等到什么时候，而且轮到我的时候，应聘官应该是非常疲劳了，这样一种状态可不利于我的应聘啊。我是不是该想想什么办法，既能够让应聘尽快轮到我，还能保证应聘成功呢？不是有句话“该出手时就出手”嘛，这会儿正是我该主动出击的时候了。他开始闭上眼睛思考起来，忽然一个念头冒了出来。有了，就用这个方法。陈石赶紧从自己随身带的包里拿出了纸和笔，认认真真地写了一行字，写好了以后他又小心翼翼地将纸折叠起来让面前的人帮忙传进应聘办公室里。所有的人看到这一幕都很吃惊，他们在递纸条的同时也开始怀疑写纸条的这个人是不是在走后门啊，于是乎陈石一下子成了众人的焦点，很多人都用鄙夷或敌意的目光注视着他，可陈石丝毫不在乎这些，他只是想着自己的这个办法能不能成功。纸条终于被递进了办公室，主考官带着好奇打开了纸条，随即笑容就浮现在了他的脸上。他立刻走出了办公室，来到应聘的人群中大声说：“大家先静一静，我刚才接到了一个纸条，我相信你们每一个人在递它的时候也很好奇，想要知道上面写了什么，我现在念给大家听‘尊敬的主考官，我希望您不要在面试58号应聘者之前做出用人的决定，谢谢。’我想说，这就是我们公司一直在寻找的有创新精神的员工。”

其他的人一听，都惭愧地低着头离开了，陈石终于进入了自己梦想的公司，开始了自己崭新的人生。

陈石能够在应聘的竞争中获得成功靠的就是他不同寻常的求职行为。相信在这样一群应聘者中，陈石在学历和经验方面都不太占优势，可是那些所谓的有经验的人却被墨守成规给“绑架”了，错过了应聘的机会。

创新，就是要把解决企业存在的问题和困难当成是自己的使命，让企业有一个良好的经济效益。这样的过程是企业生存和发展的基础过程。因此，企业在区分一个员工是否具有巨大的创新能力时，往往是看这个员工能不能及时发现问题、并且解决问题。这也是衡量一个员工竞争力强弱的重要标尺。创新了才会去探索，创新了才会去想办法。

职场中的我们要面对各种各样的常规问题，甚至有时还要面临一些突发的危机事件，这就要求我们在对常规问题的解决方法非常熟悉的同时也要积极地运用自己的脑子，对这些事情要灵活地去应对，这样不但可以避免自己陷入困境，还可以让自己在职场中的竞争力得到有效的提升，让成功来得更快一些。

职场中的一些人总是畏首畏尾地面对困难，不愿意用自己的知识去开辟一条新道路，他们习惯于拖拉等靠；还有一些人在困难面前没有足够的自信，他们不敢去承担失败带来的后果。其实，在创新的路上失败是难免的。面对挫折，换一种积极的心态，你就会发现，失败带给我们的不只有沮丧的心情，更重要的是它带来了职场竞争的一个契机。

【职场感悟】

我们每天都在不断竞争中生活着，怎样才能取得竞争的优势呢？只有创新。企业追求的是最大程度的利益，看重的是员工能带给它什么。成千上万的员工在竞争这个独木桥上争得头破血流，可是往往笑到最后的那一个恰恰不是争得最凶的人，而是那个用自己的能力、用自己与众不同的方式为企业创造利益的员工。

第十二章 团队至上:打造完美团队是优秀员工的终极使命

再完美的个人也不可能单独撑起整个企业,完美的团队才能创造企业的辉煌。优秀的员工是那些有强烈团队意识的人,他们会时刻把团队的利益放在心中,努力协调和同事的合作关系,并把打造和谐高效的团队当做自己的光荣使命,在这种使命感的驱使下,发挥自己的最大优势,和整个团队一起稳步成长。

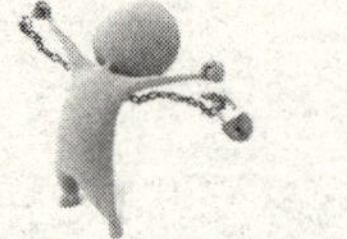

1

“孤胆英雄”永远不会成为优秀员工

企业里的优秀员工往往是这样一种人：领导和同事都喜欢他，都非常愿意跟他交往、合作；他绝不会游离在团队之外、把自己封闭起来，而是积极、愉快地和大家保持合作。

企业要取得效益，不光要靠员工个人的能力，更重要的是要集合团队的力量。所以，企业里是坚决抵制“个人英雄主义”的，那些不注重团队配合的“孤胆英雄”，即使个人能力再强，也不可能成为优秀员工。

上半年，亚通广告公司高薪招聘了一名广告策划陈军。这半年以来，陈军没有辜负领导的期望，他在工作中表现出了良好的策划能力，得到了同事们的认可。每一次，任务扔到同事们那里是棘手的难题，到了他这里，都能迎刃而解。领导对此非常满意，尤其是当初把他招进来的人事主管，更是沾沾自喜，觉得自己的眼光不错。

过了试用期以后，领导有意提拔他，但又怕他的经验不够，一下子升到管理层可能适应不了。于是，领导决定再考察一下他的团队管理能力，就给了陈军所在的部门一个大型的策划任务，并任命陈军为总负责人。陈军接到任命的时候，也非常高兴，他表示一定不会辜负领导的期望。

领导对这个任务非常重视，因此隔三差五地总会向陈军了解一下情况。前几天，陈军还信心满满；可是没过多久，陈军就没那么坦然自信了。当领导问起什么时候能完成任务时，他也只是含糊地说“快了，快了”。

领导觉得有点不对劲，就在某天下班后亲自去陈军的部门视察了一趟。因为他观察到陈军每天离开公司都很晚，估计部门都在加班。

可是当领导走进办公室一看，就愣了：整个办公室就剩陈军一个人的桌上还亮着灯，其他人连人影都没见到。偌大的办公室不免显得有些冷清。

领导走到陈军身边，温和地问："同事呢，怎么都走了？就你一个人留下来加班？"

陈军低着头，无奈地说："是啊，这些人，也太不负责任了，我才说了两句，他们就全跑了。"接着，他抬起头说："领导，您放心，我一个人也能将这次的策划活动做好。"语气里充满了倔强和不服输。

领导想了想，说："嗯，别弄得太晚了，注意身体。"说完就离开了办公室，走在路上，领导其实还有一肚子疑问。

第二天，领导就在私下里找到陈军那个部门的同事，向他们了解实际的情况。同事们都无奈地表示，不是他们不愿意服从管理，故意要偷懒和拒绝加班，而是实在忍受不了陈军的脾气。

陈军自恃自己的能力强，在工作中总是说同事"笨""做事太慢"，动不动就大呼小叫，指责同事的工作没有做好。渐渐地，同事们心里不乐意了，聚在一起议论："既然陈军能力那么强，让他一个人去做好了！反正，他只觉得我们全在拖他的后腿。"所以，导致陈军最后成了孤军奋战的"光杆司令"。

领导了解这些情况以后，并没有训斥陈军，而是想让他碰碰壁，才能了解到不搞团队合作的危害。很快，任务的规定期限到了，领导故意问陈军；"工作进行得还顺利吗？"陈军支支吾吾地半天不说话，最后才诚实地说："领导，对不起，我辜负了您的期望。我的能力还不够，任务难度太大了。"

领导笑着拍拍他的肩膀，说："你的能力很强，这个有目共睹。这个任务本来是交给十个人去做的，现在你一个人全揽在肩上，能觉得轻松才怪了。现在，你了解你的问题出在哪儿了吗？"

陈军惭愧地说："知道了，以前我太自负了，认为自己一个人就能把事情做好。其实很多时候，我都忽视了同事们的帮助，如果没有他们，我真的什么都干不好。"

陈军的突出能力是有目共睹的，这也是他一直以来骄傲的资本。但是这种骄傲却成了他工作时的负累，他觉得自己能力强，就瞧不起同事，引起同事们的反感和集体罢工，反而把他这个负责人排挤在团队之外。这时候他才意识到团队合作的重要性和自己以前的错误行为。

企业当中不乏像陈军一样的员工，他们才华出众，但是特立独行，走路都仰着头。他们随意破坏职场规则，对同事的忠告不放在心上，甚至对上司的意见也表现得满不在乎。所以，在任何团队里，他们都找不到愿意与之合作的人，更加无法交到朋友。这种个性，不禁让人联想起动物世界里的——狮子。

号称"丛林之王"的狮子，大家不会想到的是，它在非洲丛林上竟然常常饥肠辘辘，捕食猎物的时候它竟然抢不过鬣狗。如果单凭个体实力，在速度、力量上，鬣狗对狮子来说根本不值一提。但是由于狮子总是独来独往，而鬣狗则是倾巢而出，大的鬣狗群有上百只，小的队伍也有几十只。所以，连凶猛的狮子在这样强大的团队面前也发怵了。

现代企业的分工越来越细，不管能力多么突出的员工，仅靠一己之力想发挥所长、创造效益，那都是不可能的。所以，越是优秀的企业，越注重员工的团队合作精神。

一次，著名企业家松下幸之助在采访时被问到这样一个问题："您认为美国人和日本人谁比较优秀？"这个问题很尴尬，似乎怎么回答都不妥。

好在松下深谙员工管理之道，他含蓄地说："美国人的优秀在于个人能力，他们聪明、有活力、富有创造力，如果一个日本人和美国人竞争，他是比不过美国人的。"

在场的美国人正得意的时候，松下接着说："但是日本人的优秀在于团队力量，他们可以为团队和国家牺牲自己。如果 100 个美国人和 100 个日本人较量，我相信日本人会取得最后的胜利。"

就像松下说的那样，个性张扬独立的美国人好比是单独行动的狮子，而注重团队配合的日本人就像是集体行动的鬣狗，虽然论单个的实力，狮子比鬣狗强大得多，但是在实际的抢夺中，狮子却远远敌不过鬣狗。

松下在自己的企业里,也非常推崇团队精神。在选拔人才的时候,对于那些特立独行如“罗宾汉”一样的员工,不管他的个人能力有多强,都会被松下公司拒之门外。

有些人可能会说,天才往往是少数人,职场上的确有很多不拘一格的人才,他们特立独行,甚至放荡不羁,不是也取得了了不起的成就吗?

要说起特立独行的天才,我们不得不提到的一个人就是苹果公司的创始人史蒂夫·乔布斯。

从22岁赤手空拳地创业,短短四年时间,乔布斯就赚取了2亿多美元。他的商业天赋的确让人佩服,但是他却因为独来独往的作风而吃了不少苦头。

他像个粗暴的国王一样令人生畏,所有人都躲着他,连他亲自聘请的高级主管斯卡利都对外宣称:“如果有史蒂夫在,我没办法执行任何任务。”

两个高层领导如此水火不容,董事会只能做个取舍——最后,他们选择了善于合作的斯卡利,而将创始人史蒂夫·乔布斯赶出了董事会。

不可否认的是,史蒂夫·乔布斯才华横溢,但是如果他更懂得与同事们团结合作,相信他能带领着苹果公司战无不胜。但令人惋惜的是,由于他的骄傲、粗暴、独断,他的才华反而成了公司发展的阻力。所以,为公司的发展考虑,即使是这样的功臣和顶梁柱似的人物,公司也只好忍痛割爱。

所以,我们作为职场上的一名员工,更应该时刻反省自己,千万不要做什么独行侠和孤胆英雄。俗话说:“一个篱笆三个桩,一个好汉三个帮。”游离在团队之外,不跟同事搞好关系,这样只会让团队也渐渐地远离我们,对我们自身的发展有百害而无一益。

【职场感悟】

要想成为一名优秀员工,在职场上有所作为,单靠出众的个人能力肯定是不够的。更多优秀的企业也像松下公司一样,在人才选拔上更看重那些具有团队精神的人才。

所以,优秀员工必须培养好自己在团队里和谐的人际关系,这在另一个层面上能使你在职场的道路越来越顺畅。

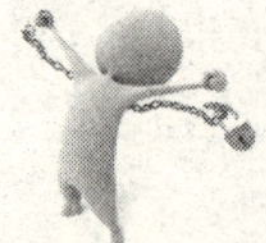

2

集体荣誉感是优秀员工的最大特质

在一支强大的部队里,军人都会把队伍的荣誉当做自己的使命,绝对不会做任何有损队伍荣誉的事情。同样,在企业里,如果每个员工都能以自己的工作为荣,对自己所在的团队和公司怀有集体荣誉感,那么这个企业也将充满活力和凝聚力。

所以,对于企业而言,所需要的优秀员工也正是那些有集体荣誉感的人,因为是员工的集体荣誉感赋予了企业生命。

下班时间刚到,陈松关上办公电脑,长长地舒了一口气:“终于做完了,可以赶快回家看球赛了。”他一边收拾东西,一边喊同路的孟伟一起回家。可是喊了两声孟伟也没答应,回头一看他还在认真地研究桌上的专栏资料呢。

陈松纳闷地说:“你负责的那篇专栏稿子不是早就写好了吗,怎么还在看啊?”

孟伟埋着头:“这不是我那篇,是小许那篇。他不是才刚来杂志社没多久吗,什么都不熟悉,对专栏的风格把握不太准确,我帮他看看。”

陈松满不在乎地说:“哦,这样啊,他的稿子你急什么。赶紧回家吧,要不明天再帮他看。”

“那可不行,明天一大早这期的杂志就要送到出版社了。咱们杂志的稿子质量一向都很高,可不能让读者失望啊。”

陈松取笑他说:“你这么卖力,也没见杂志社多给你一点奖金啊,也没给你个主编或者副主编的当当。算了,那你忙着,我先走了。”

让陈松没想到的是,第二天孟伟竟然真的当上了杂志社的副主编。原来,当天晚上,孟伟帮小许修改稿子弄到很晚,主编

正好回公司拿资料,看到了这一幕,为有这样热爱集体、帮助同事的下属感到欣慰。正好副主编的位置暂时空缺了下来,主编结合孟伟平时兢兢业业的表现,心里很快落定了主意。

在杂志社的早会上,主编高兴地宣布了这个决定,他拿着手里的杂志说:"我们的杂志已经创刊十年了,在业内的销量也算是榜上有名的。我进入杂志社比较早,也经历过最初创刊期的艰难,和所有同事一起投注了很多心血,才把它办起来,所以,我对这本杂志是非常有感情的。我希望在座的每一位,都能向孟伟学习,把杂志的质量当做自己的事情,把杂志社的名誉当成自己的名誉去爱护,这样,我们才能把杂志越办越好。"

如主编所说,只有每个员工都能拥有强烈的集体荣誉感,在工作中投入切身感情,才可能为集体创造效益,而这个团队,才会更有凝聚力,更有未来。而孟伟正因为有着这种集体荣誉感,才会热心地帮同事看稿,做自己分外的事也一点不觉得辛苦。这种员工,正是每个企业所需要的优秀员工。

扪心而论,我们在怎样的情况下会更愿意为集体效力?身为一个团队的员工,我们只有对它高度认同、有强烈归属感的时候,才会为自己是它的一分子感到自豪,充满集体荣誉感。

这种荣誉感,应该说是一种内心的共鸣,它不是能靠高薪、职位换来的,更不是能用规章制度制约出来的。优秀员工不会把工作单纯地当成一种利益上的交换,也更不会把公司当成是自己的雇主。他们会对工作的团队投入感情,也会把公司的荣誉当成自己的荣誉。这样,他们在工作中才可能更富有激情,才会把企业当成自己的家一样爱护,把企业的利益看得非常重要。

换个角度,如果我们在工作中是不带任何感情色彩的,在我们的意识里,公司和团队对我们来说只是一种单纯的合作关系,那么,每天上班的8小时就会过得漫长、无趣甚至痛苦。因为你缺乏集体荣誉感,所以你只会勉强完成手头的工作,而不会为公司的效益多想一想,这种懈怠应付的态度,使自己的工作能力也很难有提高和突破。

集体荣誉感,其实是一种非常美好和振奋人心的存在。它会激发我们内在的潜力,自发地去为团队的荣誉奋斗,而在这个过程中,我们自身的能力也在不断提高，这其实也是在书写我们自己的荣誉。换个角度说，企业和员工其实是荣辱与共的，企业兴才可能个人兴，如果员工没有这种意识，没有这种强烈的集体荣誉感，他也很难书写自己的荣誉。

一个时刻都能将企业、团队荣誉铭记在心的员工，才有可能随时随地为企业创造荣誉。在德国的一次劫机事件中，当乘客们被解救以后走出机舱的时候，有位乘客手里举着“我是某某公司的员工”的醒目牌子，给人们留下了深刻的印象。以后，这家公司的产品一下子成为欧洲的畅销品牌，这样的成绩应该归功于那位员工的集体荣誉感，没有任何刻意和做作的成分，在生命面临危险的时刻，他依然能将企业放在心中，可见他是发自内心地以企业为荣。而一个企业里倘若能多一些这样的员工，也是企业的荣幸。

能够珍惜企业荣誉的员工，无疑是一名优秀员工，因为他更会无私地为企业创造荣誉，而且他懂得企业需要什么，更明白自己肩上的使命和责任，更清晰明确地知道自己能为企业做哪些贡献。

【职场感悟】

集体荣誉感的背后，其实潜藏着员工对企业的责任感和使命感，这也是一个优秀员工所必备的职业素质。充满集体荣誉感的员工，会对企业充满希望，本质上他们是积极乐观的人，不光对企业充满信心，对自己的工作同样也会充满信心。当集体荣誉感成为员工的精神财富时，这个员工肯定会成为公司的楷模。

3 懂得把自己的小目标融进团队的大目标

在工作中，很多人都有这样的体会：当没有一个既定目标的时候，工作就会毫无效率,自己也会毫无激情,就像“戴着眼罩做事”一样。相信没有任何一个员工希望在自己的岗位上几十年如一日,没有任何作为,所以目标是必不可少的。目标就像一个奋斗的方向,一个激情四射的动力源泉。

可是,在制订和确立目标的时候,却难免发生这样的交集:员工有个人目标,他所处的团队又有集体目标。如果两个目标不相符的时候,该如何抉择呢?

名校毕业、在多家国内外知名网络公司的工作经历,都是徐文钟引以为傲的资本。一直以来,从学生时代开始,他就是一块闪着光的金子,不管走到哪儿都是团队里的主角。同时,他也是一个非常有理想的人,他的理想就是成为国内顶尖的游戏软件工程师。

然而,进入志高网络公司以后,他的这个理想,却遭到了冲击。因为该公司更看重他的工作经验和扎实的功底,所以想让他担任技术培训的职位,专门负责培训新员工。徐文忠接到任命的时候,心理展开了激烈的斗争,他想:自己的目标是参与一线的项目开发啊,公司让他培训什么新员工,真是太大材小用了。

带着不满的情绪,徐文钟在对新员工进行培训时,显得心不在焉、敷衍了事。他几乎从来不备课,总是想到哪儿就讲到哪儿,听得新员工云里雾里的,有不懂的地方问他,他也一副不耐烦的样子,时间久了,新员工们甚至都有点怕他,员工培训的质量可想而知。

领导找他谈过几次这个问题,他都没放在心上,不但没有认识到自己的失职给公司带来了损失,反而是一肚子意见,认为公司埋没了自己的才华。

所以,在上班时间,徐文钟依然我行我素,对员工培训的任务只是走个过场,而把主要时间和精力投入到了软件开发的研究中。因为,他心中的那个目标,从来都没有动摇过。

直到公司又新招进了一名技术培训师,徐文钟高兴地想:“这下解放了,总算可以做自己想做的事了。”这名培训师工作非常认真负责，他对新员工热情、耐心，很快赢得了大家的一致好评。这让徐文忠难免有点过意不去，可是更令他感到惊讶和惭愧的是，这名培训师的学历比他还要高，技术经验也比他更丰富。

徐文忠诧异地说："你明明可以有更好的发展，为什么甘于做培训新员工这么平凡的工作呢？"

他笑着说："这个工作并不平凡，它是团队交给我的任务，我就有义务切实地做好。既然公司做了这样的安排，一定有它的用意，我不能辜负领导的信任。再说，只有大家齐心协力地把公司项目做好，公司有更多的资金，才有可能支持我们做自己想做的事啊。"

听了他的话，徐文忠对自己的行为深深地进行了反思，为自己之前的自私行为感到很懊恼。之后，他热情努力地投入了新员工培训，尽职尽责地完成了领导交给的任务。

短短两年内，公司取得了巨大的收益，也没忘了奖励那些为公司做过贡献的优秀员工。以上的两位培训师都获得了项目基金，高高兴兴地研究新软件开发项目去了。

徐文忠他一心想实现自己的理想目标，这个本来无可厚非，但是他却完全忽视了团队的大目标，认为跟自己没有关系，甚至是拖了自己的后腿，埋没了自己的才华。这种观点其实是走入了一个误区。

员工应该明白这样一个道理，只有把自己的个人目标融入到团队的大目标当中，才更有机会实现，而这个目标也会更有意义。任何个人的小目标，都要符合团队大局的要求，只有这样，小目标才能得到支持，才能获得一些必备的基础条件。

但凡是和徐文忠一样想在事业上有所发展的员工，都会为自己树立目标，并且把那当做是"远大的目标"。但是，这种单从自身利益出发的目标，真的能算"远大"吗？

每个员工的工作目标，都是离不开团队支持的。所有能称得上远大的个人目标，都应该是建立在团队的目标之上的。

很多员工在目标发生冲突的时候，不愿意从自己身上找问题，不愿意牺牲个人的一点点小利益，他们只想着从团队中获得，而不想有任何付出,他们只会一味地抱怨:“我只想再多拿些奖金和提成,公司想搞形象工程,想维护在客户面前的信誉,可是那跟我有什么关系!”

像那些不能顾全大局、不关心集体的利益得失、而只注重个人发展的员工,是不可能成为企业里的优秀员工的。就像一棵小树,没有周围土壤的滋养,怎么可能茁壮成长为一棵大树呢?

所以,我们要想成为“参天大树”,在职场上做出一番成绩,就应该让个人目标融入到团队当中,让自己和集体的方向协调一致,这样,个人和集体才有可能齐头并进。不然,不光个人目标难以达成,集体也会因为员工的步调不一致而被影响进度。

【职场感悟】

在工作中,当我们发现自己的个人目标和团队的整体目标发生冲突,甚至背道而驰的时候,就应该从自身出发,审视一下自己,在个人目标和团队目标当中分出一个主次。优秀的员工更懂得取舍的艺术,他们会暂时“割爱”,放弃自己的小目标,融进团队的大目标,因为他们明白,此时的“舍”,是为了以后的“得”。

4 协作沟通:优秀员工就是团队的“润滑剂”

没有沟通,就没有协作。当今职场,沟通能力是衡量一个员工是否优秀的重要标志,也是促成团队合作的必备条件。

如果一个员工不喜欢沟通,或者不善于沟通,都只能造成他在工作中处处碰壁,也会给整个团队拖后腿,不利于团队营造和谐愉快的氛围。那么,老板怎么会提拔这样的员工,他又怎么能称得上是企业里的优秀员工呢?

午饭时间，看同事张南一脸闷闷不乐的样子，林邱忍不住问道："怎么了？"

张南犹豫了一下，说出了自己的想法："我想辞职，这个老板太难伺候了。今天他已经第四次把我的方案退回来了，我觉得他根本就是故意在刁难我。自从上次公司会议上我反驳了他的提案，他就开始处处看我不顺眼。"

林邱笑着说："会不会是你想多了？老板并没有亲口跟你这么说，而且我也不觉得老板是这么小气的一个人，你们就是缺乏沟通，所以存在一些误会。"

张南苦笑着说："但愿如此。"

就在第二天早上，张南想着要不要递出辞职申请的时候，却意外地收到了一封老板发来的电子邮件！邮件的内容大致是，老板对上次会议的事情不但不生气，反而非常欣赏张南的勇气。平时对他严格要求，也是为了想提拔他，可能是自己太操之过急，如果有不对的地方让张南不要往心里去。

张南当然不会往心里去，他心里高兴和感动还来不及呢！可是老板怎么会知道这件事情，他只跟林邱说过啊。张南望向林邱那边，林邱眨眨眼做了一个胜利的手势。

原来，听完张南诉苦的那天下午，林邱就特意去和老板沟通了一下。他向老板委婉地表达了张南的苦恼，说张南是个非常有上进心的人，也很想在工作中做出点成绩，可是最近精心设计的方案却总是不能令老板满意，他自己觉得非常惭愧，辜负了老板的信任，也对上次会议上顶撞老板感到非常抱歉。

老板听完后，拍着脑袋说："怪我，怪我，没考虑到年轻人的压力。"接着就向林邱解释了电子邮件里的那些内容。

这件事以后，张南消除了对老板的误解，更加用心地投入工作。而老板，也很赏识和信任林邱这位善于沟通、敢于替同事来和自己沟通的优秀员工。

林邱只是做了一点"小动作"，就轻松化解了张南和老板之间的矛盾和误会，还得到了双方的信任，这就是沟通的妙处。

比尔·盖茨一直都认为，交流是人类一种不可或缺的精神需要，沟通能让人变得更加亲密。而在工作当中,同事之间因为竞争关系,本来就有心理隔阂,这时候就更需要沟通。沟通能够消除隔阂,让大家能更好地进行团队合作,提高团队的整体工作效益。

沟通是一门学问,不是每个人天生就会,有些员工甚至宁愿“多做事,少说话”。可是要成为企业里的优秀员工,良好的语言表达能力必不可少。

要想在职场上顺风顺水,就要多花心思琢磨这门学问。在平时的工作中,在和同事、上司接触和相处的时候,要加强语言上的积累,注意说话要分场合、分对象,尽量用最得体的话来表达自己的意思,使沟通成为一个愉快的过程,促进彼此之间的关系。

在职场中,一个善于沟通的员工,就像团队里的“船长”一样,能够及时地帮助大家交换彼此的“箱子”,看看别人“箱子”里装的是什么,促进大家的了解。这样,整个团队才能更加团结一致,这条“船”才能顺利前行。而善于沟通的员工,无疑是团队里的“润滑剂”,成了最被同事信任和依赖的优秀员工。

沟通的作用不可小觑,企业越大越是如此。不管是经营管理,还是在日常的大小事务中,有人在的地方就会有矛盾、摩擦和争执,这就会破坏团队的凝聚力,而一个不团结的企业,也无法让员工产生归属感,会大大降低员工的热情和士气。

因此,为了解决这些人为的矛盾,企业领导越来越重视那些具有良好沟通能力的员工。

【职场感悟】

在一个团队里,离不开沟通,更离不开善于沟通、热心调解团队关系的“和事老”,他们是团队和谐关系营造的“润滑剂”,更是集好人缘于一身的优秀员工。优秀员工应该懂得沟通的艺术,不光对上司,而且对同事,都能做到愉快和谐的沟通。他们不光注重手头上的工作,也非常重视说话的作用,而且很讲究说话的艺术。

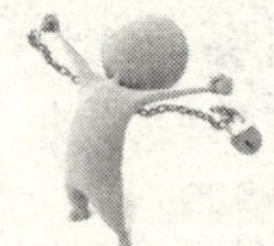

5

同舟共济，不做团队的背叛者

从初入职场的第一天起，你就不再是独身一个人。你有朝夕相处的同事，你有从属的部门，你有希望能在此建树的公司。在激烈的人才竞争局势下，公司选择了你，给你提供遮风挡雨的港湾。

同时，当公司面临困难和风险的时候，优秀的员工应该有这样的观念：公司就是我的船，一旦上了这条船，就要和公司保持一致，和所有的同事同舟共济。

过了午餐时间，办公室里还是冷冷清清，仅有的几个人，也是三三两两地聚在一起聊天："你知道王敏和周皓去哪儿了吗？""嗨，寻思跳槽呗，估计是去面试去了。我的简历投出去怎么还没反应呢？"

经理路过办公室，看到大家无心工作的状态，也只是叹了口气，没说什么就走了。原来，这是家效益一直很稳定的老牌公司，员工们的福利、待遇在同行当中都是最高的。可近一年由于市场竞争太激烈，公司的效益不但没有上升，反而连年下滑。公司领导虽然很着急，但是没有像其他公司一样暴力裁员，因为领导对这里的员工都很有感情，不希望用这种裁员的方式来强行降低运营成本。

困难面前，难免人心动荡，所以领导在公司会议上一再鼓励大家："困难是暂时的，相信大家跟公司一起渡过这个难关，以后的发展会越来越好，公司绝对不会亏待大家的！"

虽然领导这么说，可是由于公司的流动资金实在短缺，所以员工的工资难免被拖延，这已经是员工们第二个月只领到百分之五十的工资了。很多人开始沉不住气了，这时候，更有同行的其他公司来高薪挖人，有些员工抵不住诱惑，就接受了人家抛来

的橄榄枝,离开了这家公司。

也有人找过张林风,而且还不是一个。由于他之前在公司的表现突出,技术能力在行内都很出名,所以在公司经营还相当顺利的情况下,就有很多猎头给他打电话。但是张林风都以对现在的工作很满意为由拒绝了。这次公司遇到了困难,猎头们更是觉得逮到了机会,拼命给他打电话,甚至有公司愿意出两倍的价钱请他过去。这不能不说是很大的诱惑,张林风犹豫了。

但是他想起之前公司对他的器重,想起领导们对他的信任和培养,就不忍心了。他觉得,自己能从一个毫无经验的新员工,成长为一个有技术有能力的老员工,都要得益于公司的栽培,越是在公司困难的时候,他越不能只为了自己的利益而丢下公司。再者,他觉得到了其他的公司,由于业务流程各方面都不熟悉,同事之间配合得也不如现在默契,自己并不一定能得到发展,还不如就留在现在熟悉的环境里,陪着公司渡过难关,也当做是自己经历的一次成长。

所以,张林风打定主意,拒绝了其他所有公司的邀请,不论对方的条件有多么可观,他也再没有一丝一毫的动摇。取而代之的是,他把更多的精力投入到现在的工作中,希望能为公司贡献自己的一份力量。不光如此,他还鼓励和动员身边的同事留下来,从情和理两方面做大家的思想工作,不少人甚至连辞职报告都写好了,可是在他的劝说下毅然留了下来。

张林风做的这些事情,领导们看在眼里,感动在心里。公司的业绩经过了长达两年的冷冻期,终于在第三年的时候冲破黑暗迎来了曙光,又在同行中名列前茅了!那些留下来的老员工们,都在工资、福利待遇上有了很大提高,而张林风更是一下子被提拔为公司的营运经理。

对于张林风那样在关键时刻能留下来的员工,领导肯定不会忘记,等到公司取得了成绩,他们无疑会被分到"第一杯羹"。

在老板的心里都有一杆秤,用来评判每个员工的优秀与否。评判的标准除了员工的能力,其实更重要的是道德品质,而对企业而言,员工最宝贵的品质就是忠诚。特别是在企业陷入困难的时候,这种品质更能被凸显出来,像金子一样闪闪发亮。老板更愿意重用那些忠诚的、在关键时刻对公司不离不弃的员工,哪怕他们的能力弱一些,也可以慢慢培养。但是如果没有这种忠诚的品质,老板即使培养了他们,也无疑是为对手公司做嫁衣,谁愿意做这种赔钱的买卖呢?

曾经有一项对世界500强企业老总做的问卷调查,其中有一题是:"您最希望员工所拥有的品质是什么?"老总们很有默契地都选择了——忠诚。

忠诚的员工让人信任,忠诚的员工才能成为团队里不可或缺的人。所以,员工想要在公司里有所发展,就不能离开忠诚的品质。

拿破仑有句名言说:"不忠诚的士兵,没有当好士兵的资格。"同样的道理,不忠诚的员工,不可能成为优秀员工。

【职场感悟】

有人说,职场就像一个游戏场。要想把游戏玩得转,就要遵守游戏规则。职场上最起码的规则就是——忠诚。如果一个员工没有忠诚的品质,就很难被领导信任,也很难被任何一家企业重用。那些始终忠于自己的团队、在任何情况下都能对公司不离不弃的员工,才是企业最需要的优秀员工。

第十三章　情商为重：你的职场情商有多高，你的职业成就就有多大

在职场中，做事靠的是智商，做人靠的是情商。工作情商，指的是员工的情绪控制能力、与人沟通交流的能力以及管理团队的能力。高情商，是帮助员工在职场如鱼得水的“催化剂”，更是一名优秀员工的必备素质。特别是在竞争激烈的现代职场中，“情商有多高，路就能走多远”。

1

优秀员工=高智商+高情商

在职场上，“一心埋头苦干”的时代已经过去了。对于员工而言，如果你只有能力，而不会表达自己，没有团队协作精神，不擅与人相处，是无法取得成就的。所以，现代企业对优秀员工的定义是“高智商+高情商”。

平面设计师徐露是部门经理亲自招进来的。刚面试那会儿，经理看了徐露的简历和以前的作品，感觉各方面都比较满意。再看她文文静静地坐在那儿，自己问什么她就微笑着点点头，话也不多，经理想，这应该是个踏实稳重的姑娘。

可是还没过试用期，徐露在工作上就出现了问题。一次，公司接到一个广告任务，经理让徐露帮客户做宣传册的设计。这是位老客户了，经理就随口说了一句：“按照原来的风格做就行。”可是经理忘了，徐露是新人，她根本就没接触过这位客户。

看徐露有点愣在那儿，经理问：“怎么，有什么不明白的吗？”

徐露连忙摇摇头，说：“没有，没有。”她下去以后，心里想着：“我才刚到公司，如果跟经理说我这个不懂那个不会，肯定会给他留下一个不好的印象。没关系，我是新人，肯定有老同事会带我的。”

可是徐露想错了。猎头向她推荐这份工作的时候，就告诉她：“这是个很年轻化的公司，气氛相对来说比较‘open’，年轻人合作起来很轻松很随意，到时候你放松一些就行了。”由于公司非常年轻化，同事们大多年纪相仿，也没有按照老传统那样的“师傅带徒弟”般“一对一”培训。年轻人学东西快，其实互相多问问，自己摸索摸索，基本上一个月就能进入正常的工作状

态了。

可是徐露的性格比较内向，她不好意思像其他人一样热情地打招呼、聊天，甚至到公司一个月了，她连二十多个同事的名字还叫不全。所以，这次遇到对老客户不熟悉的问题，没人主动教，徐露也不好意思问，问题就这么一直搁了下来。

徐露自认为设计能力还不错，在以前的工作中基本上能应付大部分客户的要求。但是，她知道这是位大客户，所以也不敢掉以轻心，加班加点地工作了一个星期，几乎是耗尽了她的专业所学，交出了一幅自己很满意的作品。

可是交给客户以后，对方的意见却非常大，当天就把设计图退了回来，并要求重新设计，更换设计师。徐露觉得很委屈，不知道自己错在哪里，后来她才从同事那里得知，这位老客户非常喜欢中国的传统文化，所以每次合作的时候都希望公司在设计时能加入古典的中国风元素，而徐露的设计图显得太过现代和西化，所以才惹得对方客户大为恼火。徐露懊恼不已，如果当时能问问领导、问问同事，事先知道客户的需求，也就不会犯这样的错误，做些吃力不讨好的无用功了。

徐露性格内向、不善交际，即使她的工作能力再强，也无法弥补这些缺点带来的工作障碍。尤其是在一个年轻化和“open”的团队，这种缺点尤为明显。她花了力气做事，不乏认真的工作态度，最后却做了“吃力不讨好的无用功”。

所以，职场上要懂得“使巧劲儿”。工作轻松、愉快、有效率，这也是每个员工所向往的。观察职场上那些优秀员工，他们不光聪明、能力强，还很懂得人际沟通，不光被领导赏识，还深受同事们的喜爱。

这种人，通常被称为“司马他”（英文单词“smart”的直译），表示他们工作起来灵活、懂得变通、应变能力强。智联招聘曾经做过一次6000人的调查，有大多数人表示向往成为“smart”。这种向往，实际上反映了工作情商的作用在职场上越来越受到重视。

工作效率低下、人际关系不好、老板偏心其他同事，如果你还被这些问题困扰的话，不妨从自身检视一下，你的工作情商高吗？一项全美前500名的企业调查发现，员工的智商和情商对工作表现的贡献比例竟然达到了1∶2,并且,职位越高的员工,其情商对工作的影响更大。

公司的领导们也越来越重视员工的情商,这在花样层出的招聘面试中就可以看出来。领导们在选择一个新人的时候,会把他的个性特点、沟通能力都作为考虑因素;在提拔、培养一个人才的时候,更会参考他平时的同事关系和组织协调能力。

也有些人质疑,工作就是工作,要求能踏踏实实地干活。这些情商高的员工,会不会总想着耍小聪明和投机取巧呢?这里纠正一个误解,所谓的小聪明并不是情商高的表现。在职场上,我们追求情商高,都是为了更好地促进工作。它的前提是尽职尽责地完成自己的工作。当工作因为一些人为因素出现阻碍时,比如沟通不畅、同事不配合,这时候情商就派上用场了。它像润滑剂一样减少人和人之间的摩擦、误解,创造良好的团队氛围,也能让工作顺利进行。

还有很重要的一点是情商高绝不意味着耍心眼、心机重,情商的根本目的不是伤害和算计人,而是为了能自我减压,以快乐的心情投入工作。

【职场感悟】

为了保持工作上有效率,情商高的优秀员工不会只埋头干活,而会注意时刻沟通。他们主动向领导汇报工作进度,及时地按照领导要求来改进工作质量,他们还懂得团队合作,与同事友好相处,取长补短。在这个过程中,他们能促进团队的和谐快乐氛围,也在不知不觉中提高了自己的能力,并获得了大家的认可和喜爱。

2

踢开坏情绪这块绊脚石

随着生活节奏不断加快,工作压力越来越大,让职场上的员工们精神承受力十分脆弱。每个人脑子里都像崩了一根紧紧的弦，一碰就断。“上班的心情比上坟还沉重”，这几乎是很多员工真实的心理写照。

在这样的心理状态下，员工就难免产生各种消极的情绪，而他们不懂得如何释放，就让坏情绪被带到工作中肆意捣乱。带着坏情绪只会让员工变得焦虑、浮躁，拿工作和同事发脾气，把原本可以顺利完成的工作搞得一团糟，甚至像个“易燃易爆的炸弹”一样惹同事讨厌。

站在公交站牌下，范林一边焦急地踱着步子，一边不停地看表：“完了，周一晨会迟到扣一百块钱呢！”好不容易等来了车，范林紧赶慢赶地来到公司，已经迟到了二十分钟。

他推开会议室的门，晨会早就开始了，大家齐刷刷地看向他：头发凌乱，衣服上还有早餐的面包屑，气喘吁吁的，脑门上还冒着汗。看到他这幅狼狈样，同事们不免笑出了声，主管咳嗽了一下示意安静，黑着脸让范林回座。会后，主管把他叫到办公室好一顿训斥。

从办公室出来以后，范林愤愤地小声说：“要不是为了赶工作总结，我才不会迟到呢。”原来，他昨晚熬了个通宵就是为了赶上月的工作总结，早上本来想小憩一会儿，结果就把时间睡过去了，才误了早班车。

回到自己的办公桌前，范林还在为刚才的批评生闷气，根本无心工作。同事张昭提醒他：“下班之前要交上周的计划书。”范林不耐烦地说：“知道了，忙你自己的吧。”

可生气归生气，工作还是要做的。张昭的话提醒了他，他拿出工作备忘录，发现今天真的要交计划书了，他还差点把这事儿给忘了！范林看着那一堆堆的市场调查数据就头疼，再想起刚才领导的批评，心想：“亏我平时辛辛苦苦地工作，没看到一点奖励，迟到这种小事，还要批评一通，给这样的‘黄世仁’干活儿太没意思了。”

想着想着，范林就更不想工作了，那些平时对领导的不满一股脑涌了出来。他开始在网上找朋友聊天，拼命说领导的坏话，不知不觉一个上午就这样耗过去了。

等到中午的时候，范林才想起来：“完了，计划书还一个字都没动呢，再不抓紧时间，就真的弄不完了。”他这才意识到，由于一时的小情绪，他差点耽误了重要的工作。范林试着让自己冷静下来，他反思迟到是自己不对，晨会上一般都会宣布重要的工作安排，主管会生气也很正常。这样想着，范林的心情轻松多了，他给自己泡了一杯香醇的咖啡，顿时神清气爽，刚才的不快好像烟消云散了。

下午，范林带着愉快的心情，专心致志地投入了计划书的拟定中。下班的时间还没到，他就给主管交出了一份满意的答卷，并得到了主管的表扬。

范林能及时地做自我调整，从愤愤不平的情绪当中摆脱出来，不然当天又该因为完不成任务而被领导训斥一番了，无疑只会让心情更糟。当范林调整好情绪以后，发现整个人都放松多了，再仔细想想那些导致情绪差的原因，根本都是些小事情而已。

情绪，就像一台发动机，是引发每个员工行为的主要源泉。适度的保持情绪上的兴奋，不但让人的身心保持活力，还能提升工作效率。

积极的情绪，对员工的工作有促进作用，比如员工沉浸在欢笑、喜悦当中，就能精力充沛地投入工作；而消极的情绪，则只能起到反作用，如果员工被焦虑和抑郁困扰，就会在工作中没精打采、效率低下，长此以往，甚至会引发精神上的紧张和焦灼。

坏情绪像一场瘟疫，所到之处，尽是错误、冲动和误解，它严重影响了我们的工作效率和人际关系。因此，我们每个员工都应该行动起来，踢开坏情绪这块挡住快乐和成功的“绊脚石”。

每个优秀的员工，都有很强的自我管理能力。而自我管理的第一步，就是管理情绪。情绪管理，在职场情商的修炼过程中是一门必修课。

【职场感悟】

人不可能没有情绪，甚至时时刻刻被情绪包围。优秀的员工想要更专心地投入工作，就要懂得管理情绪。管理情绪就是在适当的时候，恰如其分地表达自己的情绪。坏情绪不会凭空消失，如果我们放任不管，就会让它破坏我们的心情，严重打乱我们的工作计划。

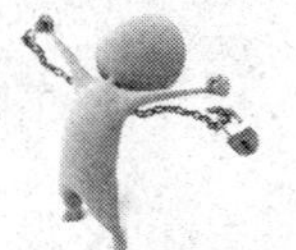

3

催生优秀员工的6种情商提升技巧

我们或许没办法控制自己的智商,但是却可以通过学习来提升自己的情商。一个优秀杰出的员工,未必都有着很高的智商,但无一例外,他们都是情商很高的人。

要想和他们一样优秀,不妨从以下6种方法技巧开始,提升自己的职场情商,方法似乎简单易学,但是一切贵在坚持:

(1)划分适当的心理界限,点明自己的“雷区”

每个人心理都会有个底线,当别人冒犯到这个底线的时候,就会惹得我们不高兴、生气、发怒。这时候,为了避免不愉快发生,不如提前点明自己的“雷区”,告诉同事“对不起,我比较介意这个”。这样,同事就会注意玩笑和行为的尺度,比起你平时一副什么都满不在乎,到某个时刻却突然发泄一通,来得更容易让人理解和接受。

(2)在感觉自己快要失去理智的时候,找到最有效的方法及时稳住自己的情绪

美国人曾经这么开玩笑,在遇到麻烦的时候,理智的孩子血液会流入大脑,冷静思考解决问题的方法;而野蛮的孩子血液只会流入四肢,用暴力解决问题。

所以,当遇到棘手的问题和麻烦时,放任自己让理智失去控制,无疑只会让情况越来越糟。这时候,你不妨试着做一次深呼吸,让自己冷静下来,同时告诉自己“一切都会好起来的”。

(3)不要一味抱怨,抱怨不如试图改变

一个成天只会抱怨和发牢骚的员工,无疑只会让老板觉得他能力不足,让同事觉得他是个让人丧气的讨厌鬼,而对于他自己的工作本身,也起不到任何作用,问题还是堆在那里,没有人替自己解决。所以,在忍不

住想开口抱怨的时候，提醒自己："我能试图改变现状吗？如果能，我就竭尽全力地去做，如果不能，就干脆闭上嘴停止我的抱怨。"

(4)让一切浪费自己精力的事情到此为止

什么在干扰我们提高情商呢，就是那些琐碎、麻烦、处理不完而又没有任何实际意义的事情。一个人的精力是有限的，如果总是被这些琐事所打扰，是肯定无法保持充沛的精力的，他在老板和同事面前也常常表现出一副憔悴的样子，让人觉得他是个没有活力的人，也无法被他吸引。

(5)在周围的人当中找一个值得学习的榜样

当我们在工作中没有目标的时候，就没有学习和奋斗的动力，日子久了，我们就会形成对工作的倦怠，感觉每天都是在混日子中得过且过。这样的你，也无法成为企业需要的优秀员工和团队里的核心人物。

所以，当你感觉工作没有激情的时候，就赶紧在身边找一个这样的榜样人物吧，他可以是一个优秀的同事，也可以是你所佩服的上司、领导，在他身上，你能收获力量、激发自身的潜能。在这种榜样的身上，你往往能发现一个更优秀的自己、一个更懂得自我管理的自己、一个职场情商更高的自己。

(6)开阔心胸，学会包容那些似乎难相处的人

有些人把职场形容为战场，办公室硝烟四起，老板苛刻刁难、同事们明争暗斗。身在这样的环境中，面对那些横行霸道、自私自利的讨人厌的同事和老板，我们心里甚至巴不得他们消失才好。可是，如果抱着这样的心态，我们在无形之中也变成了一个心胸狭窄的人，对我们自身的情商修炼一点好处也没有。所以，面对身边那些难相处的人，我们不妨放宽自己的心胸、多一些包容、多一些体谅，也多一份关怀和友善。不知不觉中，你会发现那些人也会回应给你笑脸，你成了大家都喜欢和需要的优秀员工。

【职场感悟】

优秀员工在职场的高情商，都不是先天形成的，而是通过后天培养、慢慢积累而成的。它就像我们生活中的好习惯一样，需要从心出发，增强自控能力，并通过不断学习，从根本上提高自身的素质修养。情商的修炼，是一个漫长和有趣的过程，因为在这个过程中，你会渐渐发现自己成了更有内涵和更被大家需要的人。

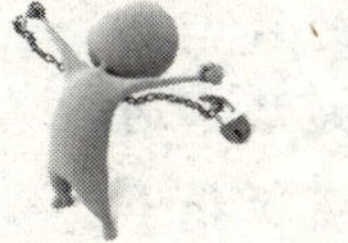

4

坚定的信念是战胜负面情绪的有力武器

负面情绪是隐藏在每个员工心里的魔鬼,你之所以会被它牵着鼻子走,是因为你的心不够强大、信念不够坚定。

没有坚定的信念作为支撑,你就很容易掉入情绪的陷阱,任由行为不受自己的控制。比如,没有"我一定能出色地完成这项工作"的信念,你就可能因为一时的挫折而沮丧失落。

那些拥有高情商的优秀员工,往往都是有强大信念作为支撑的,在这种信念面前,所有负面情绪带来的阴霾都会一扫而空。

上个月的销售业绩排名被贴在公司的布告栏里,很多名次靠后的同事在布告栏边唉声叹气:"这个月的奖金又泡汤了!"

孙超刚见完客户回来,拍拍同事陈嘉,开玩笑地说:"怎么了,跟蔫茄子似的?"

陈嘉愁眉不展:"布告栏啊,你没看到吗?我上个月才签了三张单子,连公司的基本要求都没达到。对了,你怎么这么高兴,我看你的业绩也比我强不到哪儿去啊?"

孙超笑笑:"上个月我已经发展了很多潜在客户,这个月保证能取得不错的业绩。你就等着看我签到十张单吧。"

陈嘉耸耸肩:"老兄,你从半年前就跟我说一个月要签到十张单,现在还没达到。不要太勉强自己,咱们公司的金牌业务员才能达到这个成绩呢。"

孙超没理他,信心满满地说:"别人能做到,我肯定也可以的。"说完,当别的同事还在为业绩和奖金烦恼时,他已经积极地投入下午的工作了。

从来到公司的第一天起,孙超就以公司的金牌业务员为自己的目标,暗暗地在心里告诉自己:"只要努力,肯定可以达到这个目标。”这种“初生牛犊不怕虎”的心理，每个新入职的员工都有过，可是能一直保持下去的却寥寥无几。尤其在孙超从事的销售行业，决定业绩的因素很多，不光要勤奋、有能力，甚至很多时候还要靠运气。因此，很多新员工在业绩屡屡受挫后，就显得垂头丧气、没精打采，再也没有当初的那股热情和动力了。

在困难面前，孙超不是动摇过。甚至是很多次，当他面对客户的无礼指责时，当他跑了一整天累得发晕也没谈成业务、还没顾得上吃口饭时，那种委屈、灰心、失望的情绪，笼罩在他的心里，让他一度想过放弃这份工作。

但是，每次当他看到公司的员工光荣榜，看到第一名的成绩，他的信念又重新被激发出来：“总有一天我也能达到这个目标，现在所有的付出都是为了迎接那天做准备。”不断用这个信念鼓励自己，孙超觉得自己又充满了力量。他想，与其花时间在委屈、埋怨、生气上，不如多花点精力整理资料、接触客户，才能早日实现心中的梦想。

孙超本来就是一个很开朗热情的人，他的脸上总是挂着灿烂的微笑，能给初次见面的人都留下个好印象。大家不知道的是，其实孙超每天的第一个微笑是送给自己的。他有个特别的习惯，就是每天出门前站在镜子前，微笑着鼓励自己：“今天又是晴朗的一天，美好的工作开始了！”

带着这样的状态，孙超在工作中更加积极努力，客户们也开始喜欢这个充满活力的年轻人，纷纷在他手上签了单。

到月底的时候，让陈嘉大跌眼镜的是，孙超真的兑现了自己的“大话”，他竟然完成了十一笔业务！这个成绩，连孙超自己都吓了一跳，因为他感觉工作每天都很开心，根本没有那么累啊。

看到自己的名字出现在员工光荣榜上时，孙超不免感慨：“我的成绩，还要多谢这张光荣榜呢，如果不是它，可能我早就放弃了。”

像孙超一样，每个员工其实都充满潜力，很多梦想在自己的努力下都可以达到，但是这一路上会遇到很多困难和挫折。而你首先要战胜的敌人就是你自己，是你面对那些坏情绪干扰时的软弱和不坚定。只有像孙

超一样,内心始终怀有坚定的信念,才可能在困难和挫折面前不被打倒,更不会被一时的负面情绪抽空了勇气和力量。

有句话很经典:“你就是自己的魔咒。”下面这个有趣的心理学实验可以证明这点。

志愿者被分成两组。心理学家对第一组说:“你很虚弱,身体跟婴儿一样细小,看你的手指,简直像一只小鸟的爪子……”与之对比的是,心理学家对第二组说:“你的身体棒极了,你的肌肉简直像泰森一样漂亮……”接着,心理学家让两组的人都试着去握手里的握力器。这时候,不可思议的现象发生了,第二组的平均握力是142磅,而第一组仅为29磅!其实他们的身体状况都很接近,可见心理学家给出的“心理催眠”,起到了多么重要的影响作用。

优秀的员工,必定是一位好的催眠大师。无论遇到什么麻烦,无论身处何种困境,他们都能保持镇定、从容和自信,不让自己被沮丧、烦恼、担心等负面情绪所包围。因为他们知道,带着负面的情绪,是无法保持清醒的头脑和应有的能力的。

而那些平凡、落后,因为不得志而郁郁寡欢的员工,正是由于自己不懂得使用正面的心理催眠给予自己力量,才会被负面的情绪所困扰。脆弱的内心和不坚定的信念,让他们一次又一次地被自己打败,最终一辈子碌碌无为。而对于他们来说,工作的过程,整个就是磨难、受挫和不快乐的旅程。

在职场上就是这样,你的情绪状态,会随着你的心理信念而改变。当你告诉自己“我今天很快乐”,你的身体就真的充满了活力,疲惫一扫而空;当你告诉自己“我的能力很强”,那些烦人的小困难就再也阻挡不了你前进的脚步,更不会导致你一蹶不振了。

所以,每个员工都应该学会提高情商,做自己的催眠大师,做情绪的主人。抱着坚定的信念,不断给予自己正面的心理暗示和力量,你就会发现,成功和梦想其实并不遥远。

【职场感悟】

在工作中,很多事情其实并没有我们想象的那么严重,只是因为内心的胆怯、厌恶,放大了事情本身的严重程度。每一个坚定的信念,都像是一座灯塔，点亮了优秀员工心里隐藏的负面情绪，让他们能以更积极、乐观、轻松的心态去面对那些“看上去很严重”的事情。

5 不让愤怒毁了自己

你听说过靠给人当出气筒挣钱的人吗？大千世界无奇不有，还真有这样的新鲜事儿。曾经有个电视节目里报道，一位年轻的日本男性，在热闹的街头挂了个牌子，称只要给他五万日元，就可以随意捶打他五分钟，他绝对不会还手。更令人惊讶的是，听说他的生意非常火爆，愿意花钱找他“出气”的人络绎不绝。

这则报道除了让人觉得新奇以外，另一方面却不免让我们反思：现代人的“火气”真的有这么大吗？当愤怒积攒到一定程度、又无从宣泄的时候，我们该怎么办呢？

名牌大学毕业生林威，在一个海上油田钻井队找到了工作，各方面福利待遇都很不错，林威对这份工作也很满意，决心要在这里做出一番事业。

谁知，海上工作的第一天，他就遇到了“苛刻”的要求。领班递给他一个礼盒，让他登上几十米高的钻井架，将盒子交给上面的主管。林威快速地登到钻井架顶，已经是气喘吁吁了。主管接过盒子，签上自己的名字，又原封不动地还给他，让他拿下去交给领班。林威愣了一下，但还是立刻照主管说的去做了。领班和主管一样，只是签了个名字，又让他登上去重新交给主管。

林威犹豫了一下，但是没说什么，又默默地登上了钻井架，来到主管面前的时候，他早已经大汗淋漓了、但是主管像没看到一样，低头在盒子上签了个名字，让他再次将其交给下面的领

班。林威压制着心里的怒火,转身下了楼梯,下到地面的时候,他的腿都有些打颤了。领班继续重复着那个该死的让人爆炸的动作,签完名字,让他把盒子送上去。

林威心里默默地说着:“这绝对是最后一次,再这样耍人我就不干了!”这次他登每一格的楼梯都觉得有点困难,到达架顶的时候,他已经上气不接下气了。主管这次终于打开了礼盒,正当林威猜测里面有什么重要的文件或器具时,主管却从里面拿出了一罐雀巢咖啡!他把咖啡罐递给林威,笑着说:“把这个冲上。”林威的血液都快冲到脑子里去了,他甚至觉得从来没有受过这么大的羞辱,他再也克制不住积压的愤怒,脱下身上的工作制服,狠狠地扔在地上,说:“如果你们都以戏弄员工为乐的话,对不起,这工作我干不了!”

主管愣了一下,惋惜地说:“年轻人,刚才只是我们对你的一次考验,又叫‘承压极限测试’。你可能不知道,海上作业会遇到各式各样的困难,所以我们要求每名员工都能有极强的承受能力,不管是身体还是心理。本来我们对你很满意,可惜,最后是你自己放弃了这份工作,也没有运气喝到自己冲泡的香甜咖啡。”

林威本来已经通过了主管的考验,却由于愤怒误解了主管的用意。在关键时刻,他因为愤怒失去了理智,而放弃了好的工作机会,实在令人可惜。

随着职场的压力越来越大,由于一点小事,员工们就很容易“一肚子火气”。如果不懂得控制自己的愤怒,当“火气”一上来就不管不顾地发泄一通,可能当时你是觉得舒服了,但是接下来往往会为自己的不理智懊恼不已。我们会担心同事对自己的印象不好,而且老板也会认为我们是一个没有自控能力的人,不敢将重要的任务交给自己。

所以,持续地发泄愤怒,对职场情商的修炼没有一点好处,只会让愤怒像一团火焰,烧伤了别人的同时,也灼伤了自己。那么,面对愤怒我们又该如何是好呢?

其实愤怒也能够转化为一种沟通方式。当我们出现愤怒的情绪时,不妨冷静下来,找出导致愤怒的根源,加以自我疏导。想要有效地管理愤怒的情绪，首先要做的就是自我反省。在想要发脾气以前，不妨试着让自己稍微保持冷静，问自己这样几个问题："我为什么要生气？这件事情值得如此愤怒吗？除了发怒，还有没有别的方法能够达成我的目的？"

想要成为一名优秀的员工，最重要的不是消除或逃避怒气，而是要"借力使力"，让怒气成为助力而不是阻力。

【职场感悟】

在职场上，愤怒和冲动绝对是大忌。当我们回忆起那些因为愤怒而犯下的错误，往往会懊恼不已。这不是一个高情商的优秀员工应该犯的错误，因为人在被愤怒冲昏头脑的时候，智商几乎等于零，经常会做出一些不理智的行为，也就在这时破坏了职场的人际关系，白白错失了一些良好的机会。

第十四章 职场箴言:聆听内心的声音,在感悟中走向优秀

要想让人生变得多姿多彩,我们就要在不断感悟人生中走向美丽的世界。身在职场,我们要想更加优秀,走向职场的巅峰,同样也需要感悟,时刻聆听内心的声音:认真对待工作不抱怨;工作也要抓住革命的本钱——保持健康的身体;不要自高自大,和同事友好相处。……现在我们就去遨游心海,聆听内心的声音吧。

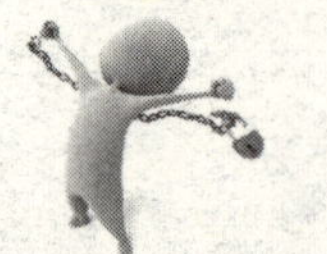

1

抱怨从来解决不了问题

当我们遇到无法解决的问题时，我们总是喜欢抱怨，抱怨领导的不近人情，抱怨同事之间的钩心斗角。其实，这是一种不负责任的表现，更是一种逃避问题的表现。或许我们感觉这样可以将责任推卸掉，别人就不会将错误的根源追究到我们身上。

殊不知，这样的想法是错误的，这样的做法更是荒谬的。这样做只会让眼前的事情拖延，未解决的问题始终得不到解决。

尽管如此，很多职场中人在遇到问题的时候，还是惯性地选择抱怨，选择推卸自身的责任。我们不可否认，当遇到一些无法解决的问题时，每个人心中都会产生一种无法抗拒的力量，它就像“魔”一样在你的耳边告诉你：这件事情与你无关，是别人的错误导致的。正是在这种魔力的助推下，我们付出了自身的行动，开始对身边的人和事进行抱怨。

尤其是生活在竞争激烈的当今社会，每一个职场中人都想在激烈竞争的“征战”中获得最后的胜利，都不想给自己的“一世英名”留下不可磨灭的污点。正是因为这样，很多职场中人开始“打酱油”，不停地抱怨，频繁地跳槽，最后换来的却是满心的不满，还有工作的举步维艰。

对于从小娇生惯养的曹建林来讲，现在的一切让他失去了前进的方向，工作上的不顺心，再加上家庭上的压力，他有些灰心丧气了。为了减轻自身的这些不快，曹建林独自一人走出了家门，站在灰暗的灯光下，想着过往的一切。

曹建林从小就没有吃过什么苦，父母将自己视为家里的宝贝，真所谓是含在口里怕化了，放在手里怕摔了。就算自己犯了

什么错误，父母也不会怪罪，就算自己在外面惹是生非，父母也会为自己背黑锅。曹建林就是在这样的环境中长大的，对于他自己来讲是幸福的，直到他走出家门的那一刻，一切都在无形间发生了变化。

父母望子成龙的心逼迫着曹建林背上久违的行囊，走出了家门，开始了自己的寻梦生涯。曹建林带着父母的期盼来到了梦想中的大都市北京，在一家中型企业找了一份工作，负责管理公司员工的档案，也就是我们经常说的人力资源。

初入职场的曹建林不懂得职场中的“规矩”，也不知道怎样和身边的同事交往。他天真地以为错误有人为自己去承担，别人会像父母那样关爱自己。然而一切并不像他想象的那样，同事之间似乎是朋友，但也是敌人，大家彼此都存在着竞争。

工作了不到一个月时间，曹建林就支撑不住了，给父母打了打工以来的第一个电话：“爸，妈，我想换工作，我们那个领导非常讨厌，对我有很深的偏见，每天都会训斥我；还有我们同事总是钩心斗角，不懂得相互帮助，害得我工作做不好。我真的想离开了。”

父母听曹建林这样讲，心中不由得生出怜悯之心，但是他们知道，儿子长大了，不能什么事情都让父母帮他承担，于是，父亲狠下心：“孩子，没事的，工作就是那样，你一定要坚持啊。再说了，现在马上就要过年了，你换工作也不好换。”就这样，曹建林平生第一次被父母拒绝了，他感到非常失望，但是生活还是要继续，他只好硬着头皮继续工作。

然而，工作的一切依然在他的眼中都不正常，他总感觉别人时刻在算计自己，时刻在找碴儿。更为严重的是，曹建林在工作中不懂得为自己的行为承担责任。每当自己犯错误的时候，他总是能找到很多理由为自己开脱，不仅如此，他还经常向要好的同事和朋友抱怨自己的工作不好，抱怨领导太过苛刻。

曹建林的工作似乎成了一个“抱怨的世界”，他的内心和大脑被无尽的“抱怨”充斥了。他经常借酒消愁，但结果却是愁更愁，他一遍遍地问自己：究竟是什么让一切发生了改变，究竟是什么让自己的内心变得如此躁动？但是，曹建林自始至终都没有找到答案。

抱怨工作是每一名职场中人经常犯的错误，就像故事中的曹建林一样，造成他这种情况的原因就是他只知道一味地抱怨，却不懂得去承担责任，更不懂得改变自己，去适应现在的工作和生活。我们知道，曹建林自小娇生惯养，走出家门之后，肯定需要时间和毅力去改变自己。外面的世界很精彩，但也很残酷，一味抱怨只会让他对现有的生活和工作不满，是无法解决问题的。

曹建林的经历同时也告诉每一名职场中人，抱怨只会加重问题的严重性，只会扰乱我们的心灵。唯有扼杀心中的抱怨，勇敢地承担自身的责任，才可能让工作如日中天，让自己在职场中打造出一片属于自己的蓝天。任何一个只懂得抱怨的员工，都不可能在工作中有所成就，更不要说爬到“职场之山”的最顶峰了。

所以说，身在职场，我们要认清自己的方向，坚守自身的梦想，走进一个“不抱怨的世界”，用心去聆听世界的声音。在工作的过程中要学会“取人之长，补己之短”，只有这样，我们才能提升自身的能力。而要想真正做到“取人之长”并不是一件容易的事情，它需要我们具备平和的心态，用友善的眼光去看待身边的同事，并用犀利和欣赏的眼光去发现别人的长处。做到了这一点，你的抱怨就会减少，你的工作就会更加有趣。

【职场感悟】

当我们去抱怨别人的时候，无形之间就会伤害到自己，让你心神不宁、无心再去投入工作。身为职场中人，我们要想获得真正的快乐，要想在工作中获得应有的馈赠，我们就要将心中的一切抱怨抹杀。只有这样，我们才能做到心如止水，用积极的态度将无法解决的问题解决掉。

2

健康的身体是成为优秀员工的最大资本

身为职场中人，很多人都知道李嘉诚。李嘉诚从小家境非常不好，父亲李云经去世之后，他就担起了养家糊口的重担，经过几十年的拼搏，他成了尽人皆知的亚洲首富。现在的李嘉诚已经成了一位饱经风霜的老人，但是，他自身的精力依然像创业时那样旺盛。当别人问到李嘉诚为何自始至终都有这样旺盛的精力时，他简简单单地归结了一句话：因为我一直以来都知道身体是革命的本钱。

“身体是革命的本钱”，这句话告诉我们，无论我们想要获得什么样的成就，无论我们想要走到人生的哪一个点，没有了健康的身体，一切都只能是天方夜谭。

就像很多身在职场中的员工一样，每天为了薪金不停地忙碌，没日没夜地工作，最后工作确实做得非常完美，但是身体却再也支撑不下去了。面对这样的情况，他们最终也只能选择用拼命赚来的钱去保养自己的身体，最后不仅自己没有赚到钱，身体还可能留下后遗症。

所以说，身在职场，我们要懂得“身体是革命的本钱”，不要花昨天的钱，看今天的病，甚至到头来迎来“入不敷出”的悲惨局面。

在黄安公司工作已经快三个月了，李霞的业务能力却依然是刚刚来时的水平，这让李霞在同事间非常尴尬。看着和自己同时进入公司的员工已经慢慢在工作中运筹帷幄，自己却还需要领导的指导和同事的帮助才能完成工作。

其实，李霞是一个非常有上进心的女孩儿，从小就深受别人的喜欢，工作之后，她的上进心只增不减，唯有一点不好的就是她的依赖性非常强。无论做什么事情，只有别人认可她的做法之后，她才会着手去做。正是因为这样，李霞的能力才迟迟不能提升，每当领导给她分配新任务的时候，她心中总会有些许的恐惧。

认识到这一点，李霞便决定改变，立志要跻身于优秀员工的行列。从那天起，李霞开始拼命地工作，每天太阳刚刚升起的时候，李霞就会赶紧起床，为自己制订一天的工作计划。计划制订完之后，上班时间也快到了，她又匆匆忙忙赶到公司，连早饭都来不及吃。

那段时间，李霞在工作中，总是严厉要求自己，遇到问题之后自己解决，因为她想彻底离开别人的羽翼，决定自我飞翔。每当遇到问题的时候，她就开始大量查找相关的资料，就算一夜不睡，她也会将每天的工作任务完成。那段时间，李霞的能力和表现让所有的同事和领导大吃一惊，李霞从一个“问题妹”一跃成为了部门里能力较强的“大姐”。获得这样的成果，李霞心生喜悦，并决定继续努力，开始更加严酷的奋战。

直到有一天，李霞在为其他同事讲解问题的时候，昏倒在地上。很快，李霞被送到了医院，经医院检查，李霞严重的营养不良，必须在家休息一段时间才能上班。领导和同事们非常纳闷：李霞的身体一直很好啊，怎么会营养不良呢？在同事的“威逼”下，李霞才将自己的“奋战故事”告诉了大家。大家这才知道，李霞之所以会营养不良，是因为她经常不吃早餐，每天晚上还会熬夜。

李霞的“奋战故事”很快传到了领导的耳朵里，在李霞重新回到公司的时候，领导就找到了李霞，并语重心长地说：“李霞，你这段时间的表现非常优秀，能力上有了很大的提升，我想告诉你的是，工作是要讲求方法的，还有，有不懂的就要问，不要自己钻牛角尖，那样既费时又费力。”

听了领导的这些话，李霞恍然大悟，她真正明白了什么叫“身体是革命的本钱”。想想之前的行为，自己确实有点钻牛角尖。

金钱可以买到山珍海味，金钱可以买到金银珠宝，金钱可以买到冬虫夏草。但是，金钱买不到高尚的灵魂，金钱买不到纯洁的心灵，金钱更买不到健康的身体。金钱看似是万能的，但世界上金钱买不到的东西数不胜数。

身在职场，每个人都想成为一名优秀的员工，都想在职场中实现自己的梦想，但是，在追逐梦想的时候，我们却陷入了一个误区：为了实现心中的梦想，我们不顾一切，出卖自己的体力和脑力，最后我们确实实现了梦想，但身体上留下的伤害却成为了永久的“伤疤”。就像故事中的李霞一样，她只知道一味地改变自己，拼命工作，最后差了毁了自己的身体。

殊不知，任何一名员工要想在职场中实现自身的价值，首先就要拥有健康的身体。没有了健康的身体，再伟大的梦想也会不堪一击；没有了健康的身体，一切都犹如镜中水月。

所以说，我们在工作的同时一定要保证身体的健康。有了健康的身体，我们才能在职场中大展身手；有了健康的身体，我们才能在职场中一步步走近我们的梦想。

【职场感悟】

有人工作是为了实现自己的人生价值，有人工作是为了养家糊口，有人工作是为了体验人生的美好，有人工作是为了实现心中的理想……无论你工作是为了什么，没有健康的身体，一切都会“免谈”，没有了健康的身体，一切都犹如泡沫、一击即碎。

3 用欣赏的眼光看待身边的每一个人

在工作中，当我们遇到不开心的事情时，我们总是抱怨命运的不公，抱怨别人的不友善。这样一来，我们的心情就会受到影响，我们就会陷入悲观的世界里，无法自拔。其实，要想改变这样的现象非常简单，只要我们学会用友好欣赏的眼光去看待身边的万事万物，我们的世界同样就可以成为美丽的人间天堂。

正所谓工作中不缺少美，缺少的只是一双发现美的眼睛。这个世界上美好的东西成千上万，不是同事们不够友善，不是领导们不近人情，最主要的是我们不具备友好和善的眼光。

我们知道，任何事物都有两面性，如果我们用不友好的眼光去看待别人，看到的除了不友好，还是不友好。但是，如果我们抱着一颗感恩之心，用友好的眼光去看待身边的每一个人，我们就会看到人间真爱，看到人性闪耀的一面。

古时候，有一个人丢了一把斧头，找了大半天都没找到，于是就怀疑是邻居家的小孩偷的。从那以后，他每次看到邻居家的小孩，就感觉小孩的行为越来越像偷斧头的小偷。五天之后，他在上山砍柴的时候，突然在一棵大树的下面，发现了自己丢的那把斧子。这时候，他才意识到自己的错误，是因为自己那天在这里休息的时候忘记拿了。从那以后，他在见到邻居家小孩的时候，再也没有之前“小偷”的感觉，反而感觉小孩越来越友好。

由此可见，只有用友好的眼光去看待身边的人和事，我们才能发现工作中的乐趣，才能真正将自己置身于五彩斑斓的工作世界中去。由此一来，我们就会发现人性的美好，工作中的不愉快就会烟消云散，工作也会因此变得一帆风顺。不仅如此，我们还能在工作中结识更多的朋友，为自己的“人情账户”加分。既然如此，我们何乐而不为呢？

灰暗的灯光下，安然正在胡娜的办公桌前，看着胡娜的电脑，不停地忙碌着，她白皙的皮肤上渗透出几滴汗水。突然，有人推门进来，进来的是办公桌的主人胡娜，看到安然在自己的办公桌前忙碌，走近一看，胡娜勃然大怒：“安然，你在做什么？你怎么能偷我的设计方案呢？”安然被吓了一跳，拔下自己的U盘，低着头说了一句“对不起”就飞奔着离开了办公室。

胡娜真的不敢相信安然会做出这样的事情，她可是自己最要好的朋友啊，这件事情让胡娜很难过。第二天两人见面之后，也不怎么说话，安然仍然继续她自己的工作，胡娜则主动放弃了这次年终的设计比赛。

其实，这场比赛是每年都会举行的，往年的时候，不是胡娜

得到最后的奖励,就是安然得到奖励,两人从来没有因为谁会得奖而计较过。今年的比赛胡娜放弃了,最后的得奖者很自然地是安然。但是,舞台上的安然没有一丝笑容,眼泪从她的眼中夺眶而出。站在舞台上的安然只说了三个字,那就是“对不起”。

好朋友盗窃自己的设计方案得到了奖励,这让胡娜非常生气,但是当舞台上的安然说出“对不起”三个字的时候,胡娜心中却不由得生出恻隐之心:她为什么要说对不起,难道她有什么难言之隐?还是遇到了困难?此时,胡娜想到了她们相处这段时间的点点滴滴,她最终确定安然定是遇到了什么困难。

于是,胡娜找到了安然,并急切地问:“安然,你究竟遇到了什么事情?是不是在瞒着我?你说啊,要不然你是不会这样做的。有什么事情你说出来,我们是要好的朋友,我可以帮你啊。”

安然再也按捺不住心中的委屈,趴在胡娜的肩膀上哭了起来,哽咽地说:“我儿子生病了,需要医药费治疗,我老公正在和我闹离婚,他一分钱都不给我。你也知道,我们的工资只够生活,我哪里有钱去给儿子看病啊。我真的不是有意的,我为的只是拿着1000元的奖金为孩子看病。胡娜,你原谅我,好吗?”

胡娜就知道安然定是遇到了困难,现在听她这样说,心中的“恨”早就烟消云散了:“安然,你应该早点告诉我的,也怪我,不分青红皂白就污蔑你。我们现在去看孩子吧,我这里还有点积蓄,我一定会帮你的,我永远是你最好的朋友。”

在纷繁复杂的职场中,每个人的性格和才华都不同,就像世界上成千上万的树叶一样。我们需要的只是彼此之间的友好相处,需要的只是用欣赏的眼光看待身边的每一位同事。

如果我们不懂得聆听内心的声音,不懂得和身边的同事和领导友好相处,我们就注定无法寻找到工作中的乐趣,注定满腹怨气面对自身的工作。

身为职场中人,我们扪心自问,我们是希望快快乐乐地工作还是愁情满怀地工作?答案我们心知肚明,每一名职场中人都希望快快乐乐地工作。那么,从现在起,换一种眼光看待身边的一切人吧,用欣赏的眼光发现他们身上的优点,相信你很快就可以体会到职场中也有天堂般的美妙。

【职场感悟】

千姿百态是对职场中人最好的形容,这也就注定我们必须掌握最好的处事之道。我们要想在工作中寻找到乐趣,要想在职场中“尽情飞舞”,体会天堂般的美丽。我们就要学会用友好和善的眼光去看待一切,不要让“有色眼镜”蒙蔽双眼,这样一来,我们就可以体会到“风景那边独好”的真正含义了。

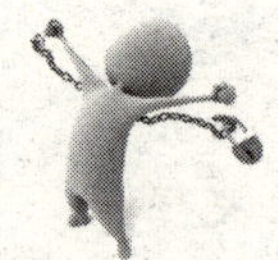

4 拒绝孤芳自赏,别让自己毁了自己

冰心在《繁星春水》中曾经写过这样一句意义深刻的话:“墙角的花,你孤芳自赏时,世界便小了。”她旨在告诉我们,我们要学会欣赏自己,但是却不能孤芳自赏——孤芳自赏者只能自己毁了自己。

身在职场,我们要清楚地知道,欣赏自己能够增强自信心,但是孤芳自赏则会让我们生活在“孤独的城堡”。不仅看不到自身的不足,看不到别人的优点,更听不进别人的忠告,最后也只能是“多行不义必自毙”。

由此可见,孤芳自赏有百害而无一利,纵然如此,在职场中和“墙角的花”一样的人仍然如出一辙地出现:他们故步自封,不愿意和别人探讨工作和生活;他们刚愎自用,看不到自身的不足;他们骄傲自大,认为别人永远比自己差。殊不知,最后迎接他们的却是一败涂地,跟不上职场的发展和变化,成为职场中的“落伍者”。

所以说,身在职场,我们要学着走出自己“孤独的城堡”,让别人走进自己的世界,也学着走进别人的世界。只有拒绝了“孤芳自赏”,我们才能

在职场中立足,才能彰显自身的才华,并得到别人的认可。

虽然旭日琪琪格是一位蒙古女孩儿,却说着一口非常流利的普通话,再加上她外貌非凡,从小她就生活在一片称赞声中,也正是因为这样,她从小就形成了骄傲的不良性格。每当小朋友的玩具比自己的好时,她就会破坏别人的玩具,并"逼迫"妈妈告诉自己:你的玩具是最好看的,别人的都不好看。只有这样,她才会感到心满意足。

大学毕业后,旭日琪琪格凭借流利的普通话进入了一家市级电台工作,初入职场,旭日琪琪格不懂为人处世之道,在上班后的第三天就和同事发生了矛盾。原因就是那名同事说她的头发不是很好看,她一怒之下就和同事拌起嘴来。

这件事情发生以后,旭日琪琪格开始讨厌身边的同事,不愿意和别人交往。哪怕是在工作中遇到了无法解决的问题,她也不会低头去问别人。她仅仅凭借大学学到的一些知识去解决问题,很多次,在工作的时候出了丑,但她却认为:没事的,我从小就是说普通话最棒的,我相信下次一定能做好。

三天后,也就是旭日说的"下次",台长吩咐旭日琪琪格对本市有名的企业家进行采访。旭日琪琪格整理好行装,打算出发了,在旭日琪琪格要出去的时候,身边的一名同事说:"旭日琪琪格,我以前进行过几次企业家的采访,他们会问到很多问题,这是我以前做的一些笔记,你看一下,我想对你应该有好处。"

旭日琪琪格接过同事好心给的笔记,大跨步走出了电台,在路上的时候,旭日琪琪格做出了惊人的举动,她将同事送她的笔记扔进了垃圾桶,并在心中暗自发笑:"真是笑话,这些道理难道我自己不懂吗?我可是内蒙古大学新闻专业毕业的学生啊,居然还把我当三岁小孩?"

这次采访如期进行,但是结果却让台里所有的人大跌眼镜。事情是这样的,旭日琪琪格想要了解企业家创业背后的故事,于是便说:"人们都说,您的创业之路是艰辛的,很多都得益于您的妻子,在这里,您能说说您的妻子吗?"一般在采访的时候,很多人都忌讳说自己的家人,这位企业家也是一样,便委婉地拒绝了:“你们做记者的都喜欢问及我的家人,但是我想我应该有不说的权力吧?”

就是这句话让旭日琪琪格倍感不爽,居然说:“不说就算了,我还不想知道呢。那您说说您其他的事情吧。”但企业家却起身离开了。

旭日琪琪格之所以没有完成这次采访,表面看来是因为她说的那句话,实质上是因为她从小形成的“孤芳自赏”的性格害了她。看看她的行为:将同事好心送的笔记扔掉,对企业家说那样的话。

殊不知,当今社会已经不是一个“单枪匹马闯天下”的社会,身为职场中人,只有放下“孤芳自赏”,才能认识到自己的不足,并不断地从身边同事的身上学习更多的经验。

所以说,身在职场,我们不要做墙角那枝孤芳自赏的鲜花,而要做容纳百川的大海。在工作的时候,我们要学会欣赏别人,同时也要学会认识自己。

人们常说“知人易,自知难”,但是,只要我们彻底摒弃“孤芳自赏”,我们依然可以清楚地认识到自己,并发现自身的不足。在发现自身不足的时候,再用“他山之石”来“攻玉”。由此一来,我们不仅可以结识更多的朋友,还可以在提升自己的能力,将自己打造成“职场达人”。

【职场感悟】

身在职场,为了让自己充满信心,我们学会了欣赏自己。但是,很多职场中人在欣赏自己的时候,无形之间进入了一个误区,也就是我们说的“孤芳自赏”。正是因为“孤芳自赏”的存在,我们最后将自己推向了职场的边缘,由此可见,孤芳自赏不可取,我们要坚决拒绝。

5

优秀员工永远将企业视为自己的“第二个家”

什么样的员工是优秀的员工？什么样的员工能够成为优秀的员工？身在职场，每个人都想成为优秀的员工，都想在职场上用自身的优秀赢得领导和同事的认可。正是因为这样，很多人发出了这样的疑问，并在不断寻找成为优秀员工的方法。

其实，要想成为一名优秀的员工并不难，首先我们就要具备“企兴我荣，企衰我耻”的心态，将企业当成自己的“第二个家”，而你就是这个“家”的主人。

作为“家”的主人，你会让“家业”败落吗？作为“家”的主人，你会让别人破坏你的“家庭”吗？答案是否定的，我们会竭尽全力保护自己的“家”，并让其欣欣向荣。这也是我们提出将企业当成家的最主要原因，当我们将企业当成家的时候，我们就会在工作中奋发图强，更不会吝啬自己的付出。

相反，敬业、奉献这些职场中人应当具备的闪光点，全部都会出现在我们的身上。而我们自己在敬业和奉献的同时，激情会不断高涨，事业心会不断增强。这些闪光点就足以证明我们是一名优秀的员工。

张扬和张跃是兄弟两个，在张扬 18 岁的时候，父母在一次意外车祸中离开了他们。从此以后，家庭的重担便落在了哥哥张扬的身上。那时候，弟弟张跃 17 岁，正在读高中，成绩还算不错，但是，父母的离去让他再也没有心思读书。

无奈之下，张扬带着弟弟张跃来到了大都市深圳，张扬在码头找了一份工作，负责看管货物，并保证货物的安全，弟弟张跃则继续在城市郊区的一所高中读书。在没有父母的日子里，张扬尽量将自己所有的爱给弟弟，他们看上去似乎很幸福。直到三年后的一天，弟弟张跃对张扬说：“哥，我不想考大学了。我已经长大了,我不想再靠着你生活了。我也可以去工作,去挣很多的钱。”在弟弟的再三请求下,张扬只得妥协。

张扬不放心张跃自己去找工作,于是,就恳求码头的负责人,让张跃也去上班。由于张扬平日工作非常认真,表现很好,码头负责人很爽快地答应了。从那以后,张扬和弟弟就在码头一起工作。但是,张跃的表现和张扬截然不同,张扬尽职尽责,甚至将码头当成是自己的家。弟弟张跃则经常浑水摸鱼,工作一点都不认真。

有一次,张扬检查完所有货物后就去休息了,在凌晨两点多的时候,天空突然下起了大雨,张扬被窗外的大雨惊醒了。他飞快地起床,拿起电筒就想往外面跑,这时候,张跃叫住了他:“哥,你干吗去啊?”“外面的货物还没有盖呢,我去看看。”张扬说。“你是不是傻啊,大下雨天的你去淋雨?你就放心吧,别人会去盖的。”张扬没有理会张跃,冒着大雨冲出了门外。

张扬走出去一看,很多货物都已经被雨水冲刷了,他放下电筒,拿来了油布开始忙碌起来。正在张扬冒着大雨盖货物的时候,一辆车开了进来,车上的人看到有一个人在货物那里,不停地扯着手中的油布,企图保护货物。

这个人很是吃惊,忙走过去:“你是谁啊?怎么下雨天在这里啊?”

张扬转头一看是码头的老板:“李总,我是张扬,这不是下雨了吗,我来看看货物。”

“你为什么这样做?”老板似乎有点不领情。

“本来我就是管理货物的啊,再说了,企业就是我的家,我有义务这样做。”张扬傻笑道。

听了张扬的话,老板什么话也没有说,开着车离开了码头。第二天,老板刚来码头就召开了会议,并宣布张扬晋升为码头的仓库经理。

张扬能够获得最后的成就,是因为他能够将码头当成自己的家,为了这个“家”,他愿意付出自己的一切,哪怕其他员工对码头不闻不问,但他不允许自己那样做。

仔细观察我们身边的人，我们就会发现，但凡一个在企业表现优异、领导重用的员工，都具备同一种思想：把企业当成自己的“第二个家”，时刻关心企业的发展，时刻为领导分忧解难。这是每一名优秀员工本能的表现，正是因为这样，他们才能够成为企业的主干力量，才能够成为领导身边的“红人”。

这也就告诉我们，要想成为一名优秀的员工，我们就要“以企业繁荣昌盛为荣，以企业止步不前为耻”，时刻关心企业的发展。只有这样，我们才会心甘情愿地为“家”努力奋斗，在奋斗的过程中，我们的能力得到了提升，境界得到了升华，我们也就可以跻身于优秀员工之列了。

【职场感悟】

对于每一名职场中人来讲，企业就是我们的“第二个家”，只有意识到并做到了这一点，我们才可能摒弃“工作是一种纯粹的赚钱工具”的想法，时刻为企业的发展着想，奉献自己的一切。只有真正将企业当成自己的“第二个家”，才可能成为优秀的员工。

附　录

优秀员工综合素质检测

一、判断题(每个小题1分)

1.优秀的员工将工作看成是自己的天职?

(　)√ (　)×

2.没有平庸的员工,只有不去努力的人?

(　)√ (　)×

3.每个人工作的目的都是为了赚更多的钱?

(　)√ (　)×

4.乐观的态度会让你成为一名优秀的员工?

(　)√ (　)×

5.不敢承担责任的员工,不可能成为最优秀的员工?

(　)√ (　)×

6.穿衣打扮和是不是优秀员工没有什么必然联系?

(　)√ (　)×

7.多一点高调,多一分优秀?

(　)√ (　)×

8.机会总是垂青于那些有准备的人?

(　)√ (　)×

9.忠诚的员工永远都不会失业?

(　)√ (　)×

10.优秀的员工都是那些最听话的员工?

(　)√ (　)×

11.管理好时间会让执行变得更加高效?

( )√ ( )×

12. 不做问题的解决者，只做问题的挑剔者？

( )√ ( )×

13. 单打独斗永远都不可能成为优秀的员工？

( )√ ( )×

14. 优秀员工无需具备高情商？

( )√ ( )×

15. 无休止的抱怨永远都不可能解决问题？

( )√ ( )×

二、填空题（每个小题2分）

1. 要做，就要去做金牌员工，因为金牌才能铸就__________，金牌才是个人价值的最好体现。当你成为一名金牌优秀员工的时候，才能找到在职场中辛苦打拼的动力，才能在自己的职业生涯中不断创造出惊人的业绩。

2. 在我们的工作中，依然有很多人认识不到这一点，不懂得“__________”的道理。在工作的时候看到的只是别人的缺点，始终看不到自身的不足，也看不到别人身上值得学习的优点。

3. 一名优秀的员工首先是能够高效工作的员工，对工作的热情和兴趣是推动我们高效工作的原动力，所以我们在选择工作的时候应该着眼于哪份工作能给我们__________，而并非是哪份工作能给我们更高的酬劳。

4. 正所谓世事无常，我们在工作当中遇到的问题也是时刻都在变化的，没有任何一个员工能够风调雨顺地工作一辈子，所以那些成功人士的共同特点，就是他们在通往成功的道路上遇到了阻碍，他们都能够灵活地运用__________，让自己到达了成功的顶点。

5. 在工作当中，如果员工并没有对__________给予足够的重视，那么这样的员工将很难走向成功，他们对工作缺乏认真的态度，对自己上级领导也只是敷衍了事。

6. 在工作当中我们就应该做到__________，进而做到修身、养性、敬业，我们要真正认识贪心的害处，这样才能怀着严于律己的心，通过自己不断地加强学习、勤学苦练、不断丰富自己的知识，才能够更好地净化自己的内心、陶冶自己的情操、提升自己的水平。

7.在企业当中,我们的每一位员工都代表着自己的企业,员工的形象就是____________。所以,我们应该对自己的形象严格地要求,时刻要维持好自己的形象。

8.机会从来都属于永不放弃的人,员工要想让自己变得优秀,成为企业中不可或缺的优秀员工,就要有永不放弃的精神,敢于面对一切的____________。

9.在职场中受到领导器重的员工也许并不是业务能力最强的员工,也不一定是最活泼聪明的员工,但他一定是____________的员工。因为只有这样的员工最容易获得领导的信任,让领导很放心地把重要的事情交付于他。

10.员工在工作时,要对上级领导指派的任务做到服从,不能有与领导____________。

11.身在职场,在面对自身的工作时,我们一定要时刻督促自己,"____________"。

12.一个有____________的员工能帮助企业创造出巨大的财富,而创新的秘籍又在于员工发现问题、解决问题的能力。

13.我们作为职场上的一名员工,更应该时刻反省自己,千万不要做什么____________。俗话说:"一个篱笆三个桩,一个好汉三个帮。"游离在团队之外,不跟同事搞好关系,这样只会让团队也渐渐地远离我们,对我们自身的发展有百害而无一益。

14.____________,就像一台发动机,是引发每个员工行为的主要源泉。适度的保持情绪上的兴奋,不但让人的身心保持活力,还能提升工作效率。

15.身在职场,我们要清楚地知道,欣赏自己能够增强自信心,但是____________则会让我们生活在"孤独的城堡"。不仅看不到自身的不足,看不到别人的优点,更听不进别人的忠告,最后也只能是"多行不义必自毙"。

三、论述题(1题15分,2、3题各20分)

1.为什么优秀员工要学会穿衣打扮?

2.第一次就把事情做好,会让工作变得更加高效吗?

3. 为什么说健康的身体是优秀员工的最大资本?

【参考答案】

一、选择题

1.(√)2.(√)3.(×)4.(√)5.(√)6.(×)7.(×)8.(√)9.(×)10.(√)11.(√)12.(×)13.(√)14.(×)15.(√)

二、填空题

1. 职业辉煌 2. 尺有所短,寸有所长 3. 更多的快乐 4. 变通的能力 5. 细节 6. 清廉自律 7. 企业的形象 8. 困难和挑战 9. 爱岗敬业 10. 对立的情绪 11. 第一次就把事情做对 12. 创新精神 13. 孤胆英雄 14. 情绪 15. 孤芳自赏

三、论述题

1. 答:员工的品位能反映一个公司的眼光和品位,这种说法难免显得有些主观,但是不置可否的是,职场上大多数人持有这种主观的想法,越是高端客户,越是高层主管,越是如此。

注重穿衣打扮,并不是一定要追求奢华和名牌,毕竟职场不是光鲜的T台,风格上还是以干净、清爽、稳重干练为主。

有人说:“如果一个人连自己的外表都不在意了,那我们还能指望他在意什么?”很多公司的领导甚至也会有这样的观念:如果员工连自己都不能照顾、打理得很好,他哪里还有多余的精力去胜任工作?一个平时邋里邋遢、不修边幅的员工,在工作中肯定也是马虎大意、错误百出的。

2. 答:但凡一个职场中的“牛人”,都是一个执行高效的人,他们在工作的时候总能做到“第一次把事情做对”。他们工作的时候态度非常认真,时刻为自己制定目标、工作计划,为的就是将事情百分百做到位——将事情一次性做对。

“第一次就把事情做对”是著名管理学家克劳士比提出的“零缺陷”理论中的精髓,它旨在告诉每一个人,无论做什么事情,都要保持高度认真的态度,要让自己第一次就把事情做对。

这样做不仅能避免我们在工作的过程中浪费更多的时间和精力,同时,还可以提高我们的执行力。这不仅是企业老板所期盼的,同时也是每一名职场中人走向成功的“法宝”,我们要想在职场中立于不败之地,要想

打造属于自己的蓝天,我们就要“第一次把事情做对”。

我们不敢想象,一个无法保质保量地完成任务的员工能够赢得领导的认可,我们无法想象一个不能第一次把事情做对的员工能够在职场中“赢得民心”。如果你现在还是职场中的“菜鸟”,那么,不要紧张,也不要害怕,只要你保持“第一次就把事情做对”的风范,久而久之,你的执行就会达到高效,工作就会如鱼得水。

3.答:“身体是革命的本钱”,这句话告诉我们,无论我们想要获得什么样的成就,无论我们想要走到人生的哪一个点,没有了健康的身体,一切都只能是天方夜谭。

就像很多身在职场中的员工一样,每天为了薪金不停地忙碌,没日没夜地工作,最后工作确实做得非常完美,但是身体却再也支撑不下去了。面对这样的情况,他们最终也只能选择用拼命赚来的钱去保养自己的身体,最后不仅自己没有赚到钱,身体还可能留下后遗症。

所以说,身在职场,我们要懂得“身体是革命的本钱”,不要花昨天的钱,看今天的病,甚至到头来迎来“入不敷出”的悲惨局面。

优秀员工职业道德自测

一、选择题(每个小题1分)

1.每一名优秀的员工都会把工作做得更好?

(　)√ (　)×

2.出类拔萃的员工从来都不会怀疑自己?

(　)√ (　)×

3.快乐工作并不需要一个好的工作环境?

(　)√ (　)×

4.好人缘会让你在工作中左右逢源,变得更加游刃有余?

(　)√ (　)×

5.优秀的员工首先是一名诚信的员工?

(　)√ (　)×

6.幽默会让你成为职场中最优秀的那一位?

( )√ ( )×

7.安于现状会让你与成功失之交臂?

( )√ ( )×

8.机会没有来临时能做的只有默默地等待?

( )√ ( )×

9.员工的忠诚未必能换来公司的信赖?

( )√ ( )×

10.服从上级的员工才是一名优秀的员工?

( )√ ( )×

11.想要高效执行就应该做到日事日清?

( )√ ( )×

12.没有创新力,也能成为一名优秀的员工?

( )√ ( )×

13.集体荣誉感是优秀员工身上最大的特质?

( )√ ( )×

14.坚定的信念是战胜负面情绪最有力的武器?

( )√ ( )×

15.优秀员工会把企业当成自己的另外一个家?

( )√ ( )×

二、简答题(每个小题 15 分)

1.如何管理好自己的时间?

2.坏情绪对我们的工作有着怎样不利的影响?

三、论述题(1 题 15 分,2、3 题各 20 分)

1.为什么说没有平庸的员工,只有不努力的人?

2.为什么说机会属于永不放弃的人?

3.忠诚与敬业会为你赢得良好的口碑吗?

【参考答案】

一、选择题

1.(√)2.(√)3.(×)4.(√)5.(√)6.(√)7.(√)8.(×)9.(×)10.

(√)11.(√)12.(×)13.(√)14.(√)15.(√)

二、简答题

1.答:(1)根据自身的工作制订工作计划

无论我们从事什么样的行业,每天都有不同的工作等着我们去做,要想将这些繁琐的工作做好,要想提高执行力。首先,我们就要学会制订工作计划,让一切工作掌控在我们的手中。

纵观我们的工作不难发现,那些每年被评委优秀的员工的人,那些每年都拿年终奖的人,他们在工作的过程中都有自身的"章程",他们懂得合理支配自己的时间。这也就向我们彰显了制订工作计划的重要性——制订工作计划才能让工作进程井然有序。

(2)分清工作的轻重缓急

很多员工在工作的过程中总是感觉工作繁多,将自己弄得头脑发胀。造成这种现象的原因有很多,首先是他们不懂得制订工作计划,也分不清工作的轻重缓急。要想摆脱这样的烦恼,我们就要学会分析自己的工作,分清什么工作任务是必须完成的,什么工作任务是需要完成的,什么工作任务是可以推后的。只有对工作了如指掌,我们才能摆脱工作中的压力,才能不断地成长。

2.答:情绪,就像一台发动机,是引发每个员工行为的主要源泉。适度的保持情绪上的兴奋,不但让人的身心保持活力,还能促进提升工作效率。

积极的情绪,对员工的工作有促进作用,比如员工沉浸在欢笑、喜悦当中,就能精力充沛地投入工作;而消极的情绪,则只能起到反作用,如果员工被焦虑和抑郁困扰,就会在工作中没精打采、效率低下,长此以往,甚至会引发精神上的紧张和焦灼。

坏情绪像一场瘟疫,所到之处,尽是错误、冲动和误解,它严重影响了我们的工作效率和人际关系。因此,我们每个员工都应该行动起来,踢开坏情绪这块挡住快乐和成功的绊脚石。

每个优秀的员工,都有很强的自我管理能力。而自我管理的第一步,就是管理情绪。情绪管理在职场情商的修炼过程中,是一门必修课。

三、论述题

1.答:在职场中,我们努力不一定获得成功,但如果我们不努力,则注定无法获得成功。努力是实现梦想的“法宝”,努力是超越自己的助推器,唯有不断的努力,我们才能够顺利地行走于职场,才能在职场中获得自己想要的一切,实现自身的人生价值。

身为职场中的一员,如果你现在依然在为工作不停地“盲”碌着,如果你在工作许久依然没有晋升的机会,那么请不要抱怨,抱怨只会增加你的苦恼,只会让你在职场中失去积极性。现在的我们需要的是自省,反省自己的行为,因为在职场中,没有平庸的员工,只有不努力的员工,我们的平庸定是有很多原因,而最基本的原因就是我们依然不够努力。

平庸只是职场中人内心世界为自己找的一种无法出头的借口,其实在职场中没有平庸的员工,我们之所以平庸,是因为我们在工作中不够认真,不够努力。要想摆脱平庸的命运,要想成为一名优秀的员工,我们就要不断地努力。唯有努力才能让我们摆脱平庸,才能让我们荣获职场中的桂冠。

2.答:机会从来都属于永不放弃的人,员工要想让自己变得优秀,成为企业中不可或缺的优秀员工,就要有永不放弃的精神,敢于面对一切的困难和挑战。因为,困难和挑战往往也就是机遇的到来。做到永不放弃,敢于面对困难和挑战,从另一方面讲,就是在为自己创造机遇。

机会从来都属于永不放弃的人。优秀的员工之所以优秀,并不是他们的知识比别人丰富,也并不是他们的经验比别人多丰富,而是他们懂得永不放弃。永不放弃是一种工作态度,更是一种思想觉悟。能否做到永不放弃是员工能否成为优秀员工的一项重要考核。因为,永不放弃的人总是能够抓住机遇,而一直选择放弃的人,则永远只会乞求机遇。

我们在职场工作时,总是会遇到各种各样的阻碍。如:失败,未知、困难等。我们要有永不放弃的精神去面对这些阻碍,要将这些阻碍作为磨炼我们自身能力的动力。我们要清楚地认识到机会往往属于那些永不放弃的人,因为他们在永不放弃地解决这些问题的同时,也更好地抓住了机遇。

3.答:对于身处职场的员工来说,工作是我们生命中的一段重要历程。一个人的工作态度折射着他的人生态度,而人生态度又决定着一个人一生的成就。实际上,在极其平凡的职业中,在极其低微的岗位上,往往也蕴藏着巨大的发展机会。作为一名员工,从你接受了这份工作开始,你就为自己打开了通往成功的大门，我们必须用忠诚的心态、以敬业的行动来对待它。

做不好工作的员工会有各种借口来推脱自己的责任，其实，成功与付出的努力成正比。放在我们眼前的工作看起来平凡枯燥，能在其中找寻到促进自己发展的道路似乎是很难的事情，因此很多员工放弃了努力和寻找，任自己安于现状，把自己的目标锁定在为数不多的工薪上混日子。殊不知正是这种态度将决定自己终生碌碌无为，长期的懒散和消极态度甚至会令我们失去工作，因为没有一个企业愿意录用这样的员工。

如果在面对工作的时候你能调动起自己全部的热情，用自己出色、高效的工作体现自己敬业的职业态度，就必定会为你赢得企业的信赖和别人的赞誉。当一个人拥有忠诚企业、爱岗敬业的良好口碑的时候，就等于握住了打开事业成功大门的钥匙，用这把钥匙打开成功的大门去欣赏展现在自己眼前的美好前景就是指日可待的事情了。

励志人生

职场励志格言

1.空空的口袋不能阻碍你的未来，而空空的脑袋却能让你贫穷一生。

2.我们一定不要当“三等”公民：等下班、等工资、等退休。

3.我们可以长得不漂亮，但绝对不能让自己的人生不漂亮。

4.没有崎岖的山路，怎能检验驾驶员技术；没有惊涛骇浪，怎能检验船夫的腕力。

5.吃别人所不能吃的苦，忍别人不能忍的气，做别人所不能做的事，就能享受别人所不能享受的一切。

6.人家比我们强，我们向人家学；人家不如我们，我们要帮人一把。

7.人的一生：选对伴侣幸福一生，选对老师智慧一生，选对环境快乐一生，选对行业成就一生。

8.与其做一个有身价的人，不如做一个有价值的人；与其做一个忙碌的人，不如做一个有效率的人。

9.我们可以输在人生起跑点，但绝不能输在人生转折点。

10.个人魅力：和谐、快乐、坚毅、品质、心境、仪表、谈吐、内涵、修为。

11.文盲四代人：一代人不识字；二代人不懂外文；三代人不懂电脑；四代人不懂人际关系。

12.只有一条路不能选择，那就是放弃的路；只有一条路不能拒绝，那就是成长的路。

13.不为失败找理由，只为成功找方法。

14.忘记失败的痛苦，铭记失败的原因。

15.没有风浪，便没有勇敢的弄潮儿；没有荆棘，也就没有不屈的开拓者。

16.萤火虫的光点虽然微弱，但亮着便是向黑暗挑战。

17.大多数人想要改造这个世界，但却罕有人想改造自己。

18.积极的人在每一次忧患中都看到一个机会，而消极的人则在每个机会中都看到某种忧患。

19. 伟人之所以伟大，是因为他与别人共处逆境时，别人失去了信心，他却下决心实现自己的目标。

20. 世上没有绝望的处境，只有对处境绝望的人。

21. 人之所以能，是相信能。

22. 一个有信念者所开发出的力量，大于99个只有兴趣者。

23. 每一发奋努力的背后，必有加倍的赏赐。

24. 人生伟业的建立，不在能知，乃在能行。

25. 任何的限制，都是从自己的内心开始的。

26. 含泪播种的人一定能含笑收获。

27. 欲望以提升热忱，毅力以磨平高山。

28. 一个能从别人的观念来看事情、能了解别人心灵活动的人永远不必为自己的前途担心。

29. 一个人最大的破产是绝望，最大的资产是希望。

30. 做对的事情比把事情做对重要。